U0673672

道路交通信号灯与交通标志标线规范设置应用指南

公 安 部 交 通 管 理 局
公安部交通管理科学研究所　组织编写

中国建筑工业出版社

图书在版编目（CIP）数据

道路交通信号灯与交通标志标线规范设置应用指南 /
公安部交通管理局，公安部交通管理科学研究所组织编
写． — 北京：中国建筑工业出版社，2017.5（2025.2重印）
ISBN 978-7-112-20380-2

Ⅰ.①道… Ⅱ.①公…②公… Ⅲ.①道路运输—信号
灯—规范—指南②道路运输—交通标志—规范—指
南 Ⅳ.①U491.5-65

中国版本图书馆CIP数据核字（2017）第023521号

责任编辑：张文胜
版式设计：京点制版
责任校对：王宇枢 张 颖

道路交通信号灯与交通标志标线规范设置应用指南
公 安 部 交 通 管 理 局
组织编写
公安部交通管理科学研究所
＊
中国建筑工业出版社出版、发行（北京海淀三里河路9号）
各地新华书店、建筑书店经销
北京京点图文设计有限公司制版
建工社（河北）印刷有限公司印刷
＊
开本：787×1092毫米 1/16 印张：13½ 字数：275千字
2017年3月第一版 2025年2月第三次印刷
定价：99.00元
ISBN 978-7-112-20380-2
（29928）

版权所有 翻印必究
如有印装质量问题，可寄本社退换
（邮政编码 100037）

编写组

主　　编：王金彪

副 主 编：孙正良　王长君

编写人员：顾金刚　刘东波　王敬锋　黎　刚

李　娅　祖永昶　王运霞　王建强

卢　健　付　强　代磊磊　华璟怡

王　波　刘　洋

前　言 ●●●────

　　道路交通信号灯和交通标志标线是交通规则的物理表达方式，是公安交通管理部门实施道路交通管理的必要工具和基础设施，是广大交通参与者依法行使交通权利、履行交通义务的重要依据。交通信号设置是否依法、规范、科学，直接关系到公民交通权利的实现，直接影响交通参与者的交通行为，也影响公安交通管理部门的管理水平和执法的社会效果。围绕着交通信号和交通需求，公安部组织制定和修订了《道路交通信号灯》GB 14887、《道路交通信号控制机》GB 25280、《道路交通信号灯设置与安装规范》GB 14886、《城市道路交通标志和标线设置规范》GB 51038 等国家标准和系列行业标准，为各地交通信号灯、交通标志标线的规范设置和科学管理工作提供了有效指导。

　　为进一步推进城市道路交通管理工作的科学化、精细化、规范化建设，充分发挥交通信号对交通行为的规范、引导和约束作用，维护良好的道路交通秩序，提高通行效率，保障交通安全，公安部交通管理局于 2016 年 5 月下发了《关于推进城市道路交通信号灯配时智能化和交通标志标线标准化的通知》(公交管〔2016〕230 号)，在全国部署推进城市道路交通信号灯配时智能化和交通标志标线标准化工作，并向各地印发了《推进城市道路交通信号灯配时智能化工作方案》、《推进城市道路交通标志标线标准化工作方案》，要求各地结合实际，认真组织实施。

　　围绕公安部的部署和各地公安交通管理部门的需求，公安部交通管理局会同公安部交通管理科学研究所组织编写了《道路交通信号灯与交通标志标线规范设置应用指南》，重点解读相关法律法规、讲解交通信号灯和交通标志标线的常用设置方法、分析典型应用案例等，旨在为各地公安交通管理部门开展城市道路交通信号灯配时智能化和交通标志标线标准化工作提供相关的技术指导和参考。

　　书中不足之处，敬请批评指正。

编写组
2016 年 10 月

第1章 概 述

1.1 法律法规要求

1.1.1 道路通行条件

1.《道路交通安全法》第二十五条规定：

全国实行统一的道路交通信号。

交通信号包括交通信号灯、交通标志、交通标线和交通警察的指挥。

交通信号灯、交通标志、交通标线的设置应当符合道路交通安全、畅通的要求和国家标准，并保持清晰、醒目、准确、完好。

根据通行需要，应当及时增设、调换、更新道路交通信号。增设、调换、更新限制性的道路交通信号，应当提前向社会公告，广泛进行宣传。

【解读】此条是关于交通信号的基本规定。交通信号灯、交通标志标线是法定的"交通信号"。全国的道路交通信号灯、交通标志标线代表的含义、规则应该是一致的，应当符合国家标准的要求，交通信号灯、交通标志和标线的设置必须保证驾驶人能够及时准确地视认。交通信号的设置不是一劳永逸的，需要根据道路通行条件的不断发展及时增设、调换和更新。如果经调研确定需要使用禁行、限行等限制类交通信号，应当提前通过媒体等方式，向社会宣传，让社会公众了解，以避免给出行带来不便。

2.《道路交通安全法》第二十六条规定：

交通信号灯由红灯、绿灯、黄灯组成。红灯表示禁止通行，绿灯表示准许通行，黄灯表示警示。

【解读】此条规定了交通信号灯的灯色组成和红、黄、绿灯色的基本含义。其中，各类型交通信号灯的灯色含义在《道路交通安全法实施条例》第三十八条至第四十三条中均有明确规定。

3.《道路交通安全法》第二十七条规定：

铁路与道路平面交叉的道口，应当设置警示灯、警示标志或者安全防护设施。无人看守的铁路道口，应当在距道口一定距离处设置警示标志。

【解读】此条规定了铁路与道路平面交叉的道口必须设置的交通设施。为尽可能地提高铁路道口的安全，必须设置相关的警示灯、警示标志或安全防护设施。其中，警示灯可参照国家标准《道路交通信号灯设置与安装规范》GB 14886—2016 的要求设置道口信号灯，警示标志和标线可参照国家标准《道路交通标志和标线》GB 5768—2009 和《城市道路交通标志和标线设置规范》GB 51038—2015 的要求设置。在无人看守的铁路道口，可按照图 1-1 所示方式设置警告标志。

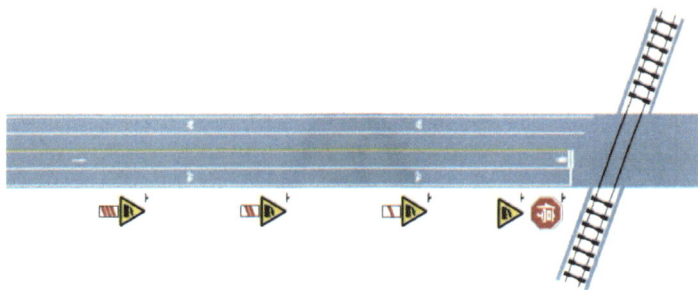

图 1-1　无人看守铁路道口警告标志设置示例

4.《道路交通安全法》第二十八条规定：

任何单位和个人不得擅自设置、移动、占用、损毁交通信号灯、交通标志、交通标线。

道路两侧及隔离带上种植的树木或者其他植物，设置的广告牌、管线等，应当与交通设施保持必要的距离，不得遮挡路灯、交通信号灯、交通标志，不得妨碍安全视距，不得影响通行。

【解读】此条规定了交通信号灯、交通标志标线应当由专门的管理部门统一设置、管理和维护，其他任何单位和个人不得擅自设置、移动、占用、损毁交通信号灯、交通标志标线。当道路上种植的树木和其他植物、设置的广告牌和管线等遮挡了交通信号灯、交通标志时，应及时修剪、移位或清除。否则，根据《道路交通安全法》第九十九条第七款和第一百零六条的规定，相关单位和个人应承担相应的法律责任。

5.《道路交通安全法》第三十条规定：

道路出现坍塌、坑漕、水毁、隆起等损毁或者交通信号灯、交通标志、交通标线等交通设施损毁、灭失的，道路、交通设施的养护部门或者管理部门应当设置警示标志并及时修复。

公安机关交通管理部门发现前款情形，危及交通安全，尚未设置警示标志的，应当及时采取安全措施，疏导交通，并通知道路、交通设施的养护部门或者管理部门。

【解读】此条规定了道路出现损毁，或交通设施出现损毁、灭失的情况时，相关部门的职责和任务。当道路出现坍塌、坑漕、水毁、隆起等损毁时，道路养护部门应当设置警示标志并及时开展道路的修复工作；当交通信号灯、交通标志、交通标线等交通设施损毁、灭失时，设施的养护部门或管理部门应当及时修复。公安交通管理部门发现上述情况时，应及时报告和通知相关部门；如果危及交通安全，应当采取必要的安全措施疏导交通，如设置临时的隔离设施、采取临时的限制通行措施等，确保交通安全。

6.《道路交通安全法》第三十二条第二款规定：

施工作业单位应当在经批准的路段和时间内施工作业，并在距离施工作业地点来车方向安全距离处设置明显的安全警示标志，采取防护措施；施工作业完毕，应当迅速清除道路上的障碍物，消除安全隐患，经道路主管部门和公安机关交通管理部门验收合格，符合通行要求后，方可恢复通行。

【解读】此条规定了占用、挖掘道路时，应当设置的设施和采取的安全措施。在道路上进行施工作业时，施工单位应按照相关部门批准的时间、地点、范围施工，并在距离施工作业地点来车方向安全距离处设置相关的安全警示标志和防护措施。施工路段的安全警示标志必须齐全、规范、清晰、视认性好、设置牢固，应当能够有效地提示和引导车辆驾驶人和行人通过施工路段或者绕行，并根据工程进度及时调整设置地点和内容。相关交通组织和设施设置，可参照《城市道路施工作业交通组织规范》GA/T 900—2010。施工作业完毕后，为确保道路通行安全，施工单位应迅速清除道路上堆放的障碍物。

7.《道路交通安全法》第三十四条第一款规定：

学校、幼儿园、医院、养老院门前的道路没有行人过街设施的，应当施划人行横道线，设置提示标志。

【解读】此条规定了一些特殊地点必须设置行人过街设施。中小学、幼儿园、医院、养老院门前一般应设置人行过街天桥或者地下通道，对于没有条件设置行人立体过街设施的，必须施划人行横道线，并且设置提示标志提醒驾驶人前方应当减速慢行。相关标志标线应参照国家标准《道路交通标志和标线》GB 5768—2009和《城市道路交通标志和标线设置规范》GB 51038—2015的要求设置。学校、幼儿园周边交通设施的设置可以参照行业标准《中小学与幼儿园校园周边道路交通设施设置规范》GA/T 1215—2014。

8.《道路交通安全法实施条例》第二十九条规定：

交通信号灯分为：机动车信号灯、非机动车信号灯、人行横道信号灯、车道信号灯、方向指示信号灯、闪光警告信号灯、道路与铁路平面交叉道口信号灯。

【解读】此条规定了交通信号灯的基本类型。在此基础上，根据实际需要，国家标准《道路交通信号灯》GB 14887-2011增加了左转非机动车信号灯和掉头信号灯。各类交通信号灯的组合形式、设置条件、设置位置应当符合国家标准《道路交通信号灯设置与安装规范》GB 14886—2016 的规定。

9.《道路交通安全法实施条例》第三十条规定：

交通标志分为：指示标志、警告标志、禁令标志、指路标志、旅游区标志、道路施工安全标志和辅助标志。

道路交通标线分为：指示标线、警告标线、禁止标线。

【解读】此条规定了交通标志和交通标线的基本类型。根据实际需要，国家标准《道路交通标志和标线 第 2 部分：道路交通标志》GB 5768.2—2009，增加了告示标志。

10.《道路交通安全法实施条例》第三十二条规定：

道路交叉路口和行人横过道路较为集中的路段应当设置人行横道、过街天桥或者过街地下通道。

在盲人通行较为集中的路段，人行横道信号灯应当设置声响提示装置。

【解读】此条规定了人行横道、过街天桥或过街地下通道等人行过街设施，以及盲人声响提示装置的设置要求。其中，人行过街设施可以参照国家标准《城市道路交通设施设计规范》GB 50688—2011 第 4.3 节要求设置。盲人声响提示装置可参照国家标准《道路交通信号灯设置与安装规范》GB 14886—2016 第 4.3.6 条的要求设置。

11.《道路交通安全法实施条例》第三十五条第二款规定：

道路施工需要车辆绕行的，施工单位应当在绕行处设置标志；不能绕行的，应当修建临时通道，保证车辆和行人通行。需要封闭道路中断交通的，除紧急情况外，应当提前 5 日向社会公告。

【解读】此条规定了占用或封闭道路施工时，施工单位应当设置的设施和采取的措施。道路施工期间应尽量满足周边居民、单位工作人员的基本出行需求，施工作业区周边道路应设置施工预告标志、绕行标志和其他临时指路标志，其中绕行标志应在施工作业区之前适当位置设置，以引导车辆通行。如果不具备绕行条件，应修建临时便道，临时便道的宽度应满足安全通行的最小宽度要求，以降低占道施工对交通的影响。如果施工需要将道路全部封闭，禁止车辆通行，交通管理部门应当至少提前 5 日向社会公告，尽量让社会公众事先了解，以免给出行带来不便。

12.《道路交通安全法实施条例》第三十六条规定：

道路或者交通设施养护部门、管理部门应当在急弯、陡坡、临崖、临水等危险路段，按照国家标准设置警告标志和安全防护设施。

【解读】此条规定了道路危险路段设置交通设施要求。在急弯、陡坡、临崖、临水等危险路段，相关部门必须设置相应的警告标志和安全防护设施。其中，警告标志主要包括急弯路标志、陡坡标志、傍山险路标志和堤坝路标志等（见图 1-2），应参照国家标准《道路交通标志和标线 第 2 部分:道路交通标志》GB 5768.2—2009 的要求设置。

（a）　　　　　　　　　　　（b）

（c）　　　　　　　　　　　（d）

图 1-2　危险路段相关警告标志示例

（a）急弯路标志（向左急弯路）;（b）陡坡标志（上陡坡）;（c）傍山险路标志;（d）堤坝路标志

13.《道路交通安全法实施条例》第三十七条第一款规定:

道路交通标志、标线不规范，机动车驾驶人容易发生辨认错误的，交通标志、标线的主管部门应当及时予以改善。

【解读】此条规定相关部门应及时纠正设置不规范的交通标志、标线。相关部门通过排查、群众举报等方式，发现交通标志、标线指示信息不明确、图案和文字不清晰等问题，应及时按照国家标准要求重新进行交通标志标线的设计与设置工作。

1.1.2　道路通行规则

1.《道路交通安全法实施条例》第三十八条规定:

机动车信号灯和非机动车信号灯表示:

（一）绿灯亮时，准许车辆通行，但转弯的车辆不得妨碍被放行的直行车辆、行人通行;

（二）黄灯亮时，已越过停止线的车辆可以继续通行;

（三）红灯亮时，禁止车辆通行。

在未设置非机动车信号灯和人行横道信号灯的路口，非机动车和行人应当按照机动车信号灯的表示通行。

红灯亮时，右转弯的车辆在不妨碍被放行的车辆、行人通行的情况下，可以通行。

【解读】此条明确了机动车信号灯和非机动车信号灯红、黄、绿各灯色的通行规则。当机动车信号灯和非机动车信号灯绿灯亮时，转弯车辆应遵守让行原则，不妨碍直行车辆和行人的通行。机动车信号灯和非机动车信号灯红灯亮时，允许右转车辆通行，但必须遵守让行原则，不妨碍被放行的车辆和行人。

2.《道路交通安全法实施条例》第三十九条规定：

人行横道信号灯表示：

（一）绿灯亮时，准许行人通过人行横道；

（二）红灯亮时，禁止行人进入人行横道，但是已经进入人行横道的，可以继续通过或者在道路中心线处停留等候。

【解读】此条明确了人行横道信号灯红灯、绿灯期间的通行规则。

3.《道路交通安全法实施条例》第四十条规定：

车道信号灯表示：

（一）绿色箭头灯亮时，准许本车道车辆按指示方向通行；

（二）红色叉形灯或者箭头灯亮时，禁止本车道车辆通行。

【解读】此条明确了车道信号灯红灯、绿灯的通行规则。当车道信号灯红灯亮时，表示本车道已封闭，车辆不得进入本车道行驶，而在本车道内的车辆应在确保安全的情况下尽快驶出。

4.《道路交通安全法实施条例》第四十一条规定：

方向指示信号灯的箭头方向向左、向上、向右分别表示左转、直行、右转。

【解读】此条明确了方向指示信号灯箭头的含义。国家标准《道路交通信号控制系统术语》GB/T 31418—2015 第 2.1.5 条规定："方向指示信号灯由红色、黄色、绿色三个几何位置分立的内有同向箭头图案的圆形单元组成的一组道路交通信号灯，用于指挥某一方向机动车通行。箭头方向向左、向上和向右分别代表左转、直行和右转。绿色箭头：表示车辆允许沿箭头所指的方向通行；红色或黄色箭头：表示仅对箭头所指方向起红灯或黄灯的作用"。

5.《道路交通安全法实施条例》第四十二条规定：

闪光警告信号灯为持续闪烁的黄灯，提示车辆、行人通行时注意瞭望，确认安全后通过。

【解读】此条明确了闪光警告信号灯的显示状态为黄灯闪烁，主要作用是警示驾驶人和行人前方路口需要在确认安全的情况下通过。

6.《道路交通安全法实施条例》第四十三条规定：

道路与铁路平面交叉道口有两个红灯交替闪烁或者一个红灯亮时，表示禁止车辆、行人通行；红灯熄灭时，表示允许车辆、行人通行。

【解读】此条明确了道口信号灯的显示状态和通行规则。

1.1.3　法律责任

1.《道路交通安全法》第九十九条第七款规定：

有下列行为之一的，由公安机关交通管理部门处二百元以上二千元以下罚款：

（七）故意损毁、移动、涂改交通设施，造成危害后果，尚不构成犯罪的。

【解读】此条是关于单位或个人故意损毁、移动、涂改交通设施后，造成危害后果，尚不构成犯罪时，应当承担法律责任的规定。本条文仅规定了损毁、移动、涂改交通设施的违法行为的处理规定，对其他如盗窃、哄抢交通设施等行为，不适用本条。本条规定行为人在明知自己损毁、移动、涂改交通设施的行为会造成道路交通事故、交通堵塞、误导机动车行错道路等实际危害后果，而希望或者放任这种结果发生的，尚不构成破坏交通设施罪和故意毁坏财物罪的，应按本条款给予处罚。没有造成危害后果的，则不构成本项违法行为。如因行为人过失或紧急避险而造成交通设施受到损毁、移动、涂改的，不构成本项规定的道路交通违法行为。

2.《道路交通安全法》第一百零五条规定：

道路施工作业或者道路出现损毁，未及时设置警示标志、未采取防护措施，或者应当设置交通信号灯、交通标志、交通标线而没有设置或者应当及时变更交通信号灯、交通标志、交通标线而没有及时变更，致使通行的人员、车辆及其他财产遭受损失的，负有相关职责的单位应当依法承担赔偿责任。

【解读】此条是关于负有道路施工、养护或者交通信号灯、交通标志标线设置等相关职责的单位因不履行或者不及时履行职责的行为引起损失后，应当依法承担赔偿责任的规定。根据本条规定，对道路施工、养护以及交通信号的设置等负有相关职责单位的职务不作为行为有以下4种情形：

（1）在道路施工作业时，未及时设置警示标志、未采取防护措施；

（2）道路出现损毁，未及时设置警示标志、未采取防护措施；

（3）应当设置交通信号灯、交通标志、交通标线而未设置。这是指对投入使用的道路，按照国家标准和有关规定应当设置交通信号灯、交通标志、交通标线，但未

设置或未及时设置;

（4）应当及时变更交通信号灯、交通标志、交通标线而未及时变更。这里规定的"应当及时变更"，是指已经设置交通信号灯、交通标志、交通标线的道路，如果出现原设置有误、道路及通行情况发生变化等情形，应当按照有关规定，对交通信号灯、交通标志、交通标线进行及时变更。

3.《道路交通安全法》第一百零六条规定：

在道路两侧及隔离带上种植树木、其他植物或者设置广告牌、管线等，遮挡路灯、交通信号灯、交通标志，妨碍安全视距的，由公安机关交通管理部门责令行为人排除妨碍;拒不执行的，处二百元以上二千元以下罚款，并强制排除妨碍，所需费用由行为人负担。

【解读】此条是关于遮挡路灯、交通信号灯、交通标志或者妨碍安全视距的违法行为及其处罚的规定。公安交通管理部门首先应当责令行为人按照限定的时间和要求，自动采取砍伐、拆除等改正措施，使树木、广告牌等不再遮挡路灯、交通信号灯、交通标志或者妨碍安全视距。如果行为人对公安机关交通管理部门排除妨碍的责令拒不服从，公安交通管理部门可以对行为人处以罚款，并强制排除妨碍，因组织实施强制排除妨碍所支付的各项人力、物力费用，由行为人承担。

1.2 相关标准和规范

1.2.1 交通信号控制相关标准

目前，道路交通信号控制的相关标准共 10 项，其中国家标准 5 项，行业标准 5 项，分别如下：

1.《道路交通信号灯》GB 14887

该标准于 1994 年首次发布，分别在 2003 年和 2011 年进行了修订。主要规定了道路交通信号灯的定义、信号灯的图案、信号灯的分类与型号编制规则、试验方法等内容，适用于所有道路上使用的交通信号灯。

2.《道路交通信号灯设置与安装规范》GB 14886

该标准于 1994 年首次发布，分别在 2006 年和 2016 年进行了修订。主要规定了信号灯的设置条件、信号灯组合形式、信号灯安装、设计和施工资质等内容，适用于道路交通信号灯的设置和安装。

3.《道路交通信号控制机》GB 25280

该标准于 2010 年首次发布，2016 年进行了修订。主要规定了道路交通信号控制机的分类、技术要求、试验方法等内容。

4.《道路交通信号控制系统术语》GB/T 31418

该标准于 2015 年发布，主要对城市交通信号控制系统的基本概念、控制原理、控制方式、信号控制机以及控制中心系统五个部分的术语进行分类，给出交通信号控制系统相关的主要专业术语的中文定义及中英文索引。

5.《交通信号控制机与上位机间的数据通信协议》GB/T 20999

该标准于 2007 年首次发布，主要规定了交通信号机与上位机之间的数据通信协议的结构及物理层、数据链路层等要求。

6.《道路交通信号倒计时显示器》GA/T 508

该标准于 2004 年首次发布，在 2014 年进行了修订。主要规定了交通信号倒计时显示器的试验方法、设置要求、检验规则等主要内容。

7.《太阳能黄闪信号灯》GA/T 743

该标准于 2007 年发布，主要规定了太阳能黄闪信号灯的定义、外观、尺寸、光学性能、闪烁特性、检验方式等相关内容。

8.《道路交通信号控制机安装规范》GA/T 489

该标准于 2004 年首次发布，2016 年进行了修订。主要规定了道路交通信号控制机安装和验收的要求，包括信号机的安装位置、安装方式、信号机接线等内容。

9.《道路交通信号控制机与车辆检测器间的通信协议》GA/T 920

该标准于 2010 年发布，主要规定了交通信号控制机与车辆检测器之间串行接口和以太网接口的数据交换要求。

10.《道路交通信号控制方式》GA/T 527

该标准于 2005 年首次发布，2015 年进行了修订，将原标准修改为系列标准，共分为 9 部分，全面、细致地规范了各类交通信号控制方式的适用条件和应用方法，目前共发布了 3 部分，分别为《第 1 部分：通用技术条件》GA/T 527.1—2015、《第 2 部分：通行状态与控制效益评估指标及方法》GA/T 527.2—2016 和《第 5 部分：可变导向车道通行控制规则》GA/T 527.5—2016。剩余 6 部分包括《第 3 部分：单点信号控制方式适用条件》、《第 4 部分：干线协调信号控制方式适用条件》、《第 6 部分：公交专用车道通行优先控制规则》、《第 7 部分：有轨电车交叉口通行优先控制规则》、《第 8 部分：潮汐车道通行控制规则》和《第 9 部分：匝道通行控制规则》。

（1）《第 1 部分：通用技术条件》GA/T 527.1—2015 主要规定了道路交通信号控制方案制定、控制方式分类、适用条件、相位相序设置、转向专用信号设置、信号配时等通用技术条件，用于指导道路交通信号控制方式的设计与应用。

（2）《第 2 部分：通行状态与控制效益评估指标及方法》GA/T 527.2—2016 主要规定了各类道路交通信号控制方式下通行状态和控制效益的评估指标及其计算方法。

（3）《第 5 部分：可变导向车道通行控制规则》GA/T 527.5—2016 主要规定了道路交叉口可变导向车道设置要求、切换模式、实施流程、运行约束条件等，适用于道路交叉口可变导向车道信号控制的设计与实施。

1.2.2 交通标志标线相关标准

目前，道路交通标志标线相关标准共 14 项，其中国家标准 10 项，行业标准 4 项，分别如下：

1.《道路交通标志和标线》GB 5768

该标准于 1986 年首次发布，分别在 1999 年和 2009 年进行了修订，第 2 次修订将原标准修改为系列标准，共分为 8 部分，目前共发布前 3 个部分，分别为《第 1 部分：总则》《第 2 部分：道路交通标志》《第 3 部分：道路交通标线》，对各类交通标志、标线的分类、样式、尺寸、设置方法等进行了规定，适用于公路、城镇道路和虽在单位管辖范围内但允许社会机动车通行的区域。剩余 5 部分包括《第 4 部分：作业区》《第 5 部分：速度管理》《第 6 部分：铁路平交口》《第 7 部分：自行车和行人控制》以及《第 8 部分：学校区域》正处于报批阶段。

2.《城市道路交通标志和标线设置规范》GB 51038

该标准于 2015 年发布，主要内容包括基本规定、各类标志标线的设置方法、标志标线协调设置、施工及验收的要求等，适用于新建和改建的各级城市道路。

3.《公路交通标志和标线设置规范》JTG D82

该规范于 2009 年发布，主要用于规范公路交通标志和标线的设置，满足公路使用者的交通信息需求，规范车辆行驶轨迹，促进公路交通的安全与畅通，适用于新建和改扩建公路的交通标志标线设置。

4.《道路交通反光膜》GB/T 18833

该标准于 2002 年首次发布，2012 年进行了修订。主要规定了道路交通反光膜的分类、技术要求、测试方法、检验规则及标志、包装、运输、贮存的要求，适用于道路交通标志、轮廓标、交通锥、防撞桶、路栏等交通管理和作业设施所用的反光膜，其他交通运输用的反光膜可参照执行。

5.《道路交通标志板及支撑件》GB/T 23827

该标准于 2009 年发布，主要规定了道路交通标志板及支撑件的产品分类、技术要求、试验方法等内容，适用于我国各级道路上的交通标志。

6.《道路交通标线质量要求和检测方法》GB/T 16311

该标准于 1996 年首次发布，分别在 2005 年和 2009 年进行了修订。主要规定了道路交通标线的分类、质量要求及检测方法等内容，适用于我国各级道路上的交通标线。

7.《新划路面标线初始逆反射亮度系数及检测方法》GB/T 21383

该标准于 2008 年发布，主要规定了使用便携式仪器测试新划路面标线的初始逆反射亮度系数的要求，适用于施划路面 14 天以内的逆反射亮度系数的测试。

8.《道路预成形标线带》GB/T 24717

该标准于 2009 年发布，主要规定了道路预成形标线带的技术要求、试验方法、检验规则、标志、包装等内容，适用于各类道路交通标线所使用的预成形标线带。

9.《路面标线用玻璃珠》GB/T 24722

该标准于 2009 年发布，主要规定了路面标线用玻璃珠的术语和定义、产品分类与用途、技术要求、试验方法、检验规则等内容，适用于路面标线涂料用玻璃珠，雨夜标线所使用的反光珠可参照执行。

10.《轮廓标》GB/T 24970

该标准于 2010 年发布，主要规定了轮廓标的分类、结构、技术要求、实验方法、检验规则、标志等内容，适用于我国公路、桥梁及隧道设置的轮廓标，城市道路、其他道路可参照执行。

11.《弹性警示柱》GB/T 24972

该标准于 2010 年发布，主要规定了弹性警示柱的产品分类、技术要求、试验方法、检验规则等内容，适用于道路交通中起安全警示作用的、具有弹性的交通柱，用于分隔对向交通流或渠化交通，用作其他用途时也可以参照使用。

12.《城市道路路内停车管理设施应用指南》GA/T 1271

该标准于 2015 年发布，主要规定了城市道路路内汽车停车管理设施应用的术语和定义、一般规定及应用要求，包括停车管理相关的标志标线的设置方法，适用于城市道路路内汽车停车管理设施的设置和应用。

13.《城市道路单向交通组织原则》GA/T 486

该标准于 2004 年首次发布，2015 年进行了修订。主要规定了城市道路单向交通的实施条件、实施要求、实施流程及配套交通标志标线的设置方法等，适用于城市道路机动车单向组织。

14.《中小学与幼儿园校园周边道路交通设施设置规范》GA/T 1215

该标准于 2014 年发布，主要规定了中小学、幼儿园校园周边道路交通设施的设置原则、要求和方法，适用于中小学、幼儿园校园周边道路交通设施的设置，高等院校或其他学生集中出入的场所可参照执行。

1.3 相关政策

1.3.1 中央城市工作会议

中央城市工作会议于 2015 年 12 月 20 日至 21 日在北京举行，是继 1978 年后召开的最高规格城市会议，会议强调，要转变城市发展方式，完善城市治理体系，提高城市治理能力，着力解决城市病等突出问题，不断提升城市环境质量、人民生活质量、城市竞争力，建设和谐宜居、富有活力、各具特色的现代化城市，提高新型城镇化水平，走出一条中国特色城市发展道路。为进一步加强和改进城市规划建设管理工作，解决制约城市科学发展的突出矛盾和深层次问题，开创城市现代化建设新局面，中共中央、国务院于 2016 年 2 月 6 日发布《中共中央　国务院关于进一步加强城市规划建设管理工作的若干意见》（以下简称《若干意见》），这是中央城市工作会议的配套文件，确定了"十三五"乃至未来一段时间中国城市发展的"时间表"和"路线图"。《若干意见》由九部分组成，提出了城市规划建设管理的总体目标，即实现城市有序建设、适度开发、高效运行，努力打造和谐宜居、富有活力、各具特色的现代化城市，让人民生活更美好。其中，第十六条提出："科学、规范设置道路交通安全设施和交通管理设施，提高道路安全性"。

1.3.2 《国务院关于加强道路交通安全工作的意见》

为适应我国道路通车里程、机动车和驾驶人数量、道路交通运量持续大幅度增长的形势，进一步加强道路交通安全工作，保障人民群众的生命财产安全，2012 年 7 月 22 日，国务院发布了《国务院关于加强道路交通安全工作的意见》（国发〔2012〕30 号）（以下简称《意见》），从强化道路运输企业安全管理、严格驾驶人培训考试和管理、加强车辆安全监管、提高道路安全保障水平等九个方面，共提出 26 项措施。

《意见》第十三条提出："完善道路交通安全设施标准和制度。加快修订完善公路安全设施设计、施工、安全性评价等技术规范和行业标准，科学设置安全防护设施。鼓励地方在国家和行业标准的基础上，进一步提高本地区公路安全设施建设标准。严格落实交通安全设施与道路建设主体工程同时设计、同时施工、同时投入使用的'三同时'制度，新建、改建、扩建道路工程在竣（交）工验收时要吸收公安、安全监管等部门人员参加，严格安全评价，交通安全设施验收不合格的不得通车运行。对因交通安全设施缺失导致重大事故的，要限期进行整改，整改到位前暂停该区域新建道路项目的审批"。

《意见》第十四条提出："加强道路交通安全设施建设。地方各级人民政府要结合实际科学规划，有计划、分步骤地逐年增加和改善道路交通安全设施。在保证国省干线公路网等项目建设资金的基础上，加大车辆购置税等资金对公路安保工程的投入力度，进一步加强国省干线公路安全防护设施建设，特别是临水临崖、连续下坡、急弯陡坡等事故易发路段要严格按标准安装隔离栅、防护栏、防撞墙等安全设施，设置标志标线。加强公路与铁路、河道、码头连接交叉路段特别是公铁立交、跨航道桥梁的安全保护。收费公路经营企业要加强公路养护管理，对安全设施缺失、损毁的，要及时予以完善和修复，确保公路及其附属设施始终处于良好的技术状况"。

1.3.3　文明交通行动计划

为深化"讲文明树新风"活动，切实增强公民文明交通意识，着力纠正各类违反交通法规的行为，创造良好道路交通环境，进一步提升公民文明素质和社会文明程度，2010年1月5日，中央文明办和公安部共同印发《文明交通行动计划实施方案》（公通字〔2010〕1号），提出围绕"关爱生命，文明出行"这一活动主题，重点开展四项文明交通活动，其中之一即"完善六类道路安全及管理设施"，要求"进一步完善城市过街安全设施、路口渠化设施、出行引导与指路设施、道路车速控制设施、农村公路基本安全设施、施工道路交通组织与安全防护设施"。并且，在第二条措施中指出要进一步完善安全和管理设施，要求"结合实际，排查治理道路交通安全设施和管理设施隐患，为文明出行创造良好道路通行条件。重点完善城市道路交通标志标线、行人过街通行设施、路口渠化设施、出行引导与指路设施以及残疾人驾车无障碍设施。进一步完善路口、学校、幼儿园、医院等门前路段警示、提示标志和减速设施的设置。优化区域路网交通组织，合理设置停车泊位，完善道路车速控制、防护设施、施工道路安全防护设施以及农村公路基本安全设施。对一些交通安全隐患比较突出的公路、城市道路等，实施挂牌督办，限期整改。加大科技投入，科学设置电子监控设备，规范使用非现场执法装备，提高科技应用与管理水平"。

1.3.4　城市道路交通管理畅通工程

为积极应对城市交通面临的严峻形势与挑战，进一步加强城市道路交通科学管理，着力缓解城市尤其是大城市交通拥堵问题，进一步改善城市道路交通环境，更好地服务城市经济社会发展，2011年9月，公安部联合教育部、住房城乡建设部、交通运输部共同印发《关于深入实施城市道路交通管理畅通工程的指导意见》（公通字〔2011〕

34 号），提出了包括完善城市交通规划、落实公交优先、实施综合治理、加强考核评价等 20 余项工作措施，推动我国城市交通管理进入了科学、可持续发展的新阶段。

其中，在工作目标中明确提出要实现"道路交通标志、标线、信号灯等交通管理设施科学规范"，并且在第十四条措施中指出要完善交通管理设施设置，"加强新建、改建道路交通管理设施的配套建设，确保与道路同步规划、同步建设、同步投入使用。定期开展城市道路交通标志、标线、信号灯等交通管理设施排查，规范交通安全设施的设置。提高交通标志、标线设置密度和协调性、系统性、一致性，注重指示和警告性标志标线设置。加强城市道路交通指路标志的设置，做好城市道路与普通公路、高速公路指路信息的配合衔接，确保指路标志设置层次清晰、系统，传递信息明确、连续。加强道路交通安全隐患排查，及时完善安全防护设施"；第十五条措施中指出要优化信号配时设置，"提高道路交通信号灯控制水平，合理设置或自适应调整交通信号周期和配时，主要干道应根据实际实施信号协调控制"。

1.3.5 道路交通信号和交通技术监控设备排查治理

为保障道路交通信号设置科学、合法、规范，交通技术监控设备合格有效，充分发挥道路交通信号、技术监控设备对交通参与者道路交通行为的规范、引导和监督作用，改进道路交通管理工作，维护良好的道路交通秩序，提高道路通行效率，预防和减少道路交通事故，公安部交通管理局于 2013 年 2 月 28 日印发《道路交通信号和交通技术监控设备排查治理方案》（公交管〔2013〕65 号），从 2013 年 3 月 1 日开始到 2013 年年底，在全国开展道路交通信号（标志标线、信号灯）和道路交通技术监控设备排查治理工作。

此次排查整治的工作重点是解决群众反映突出的交通信号和技术监控设备设置不合理、不规范、不协调或者矛盾等问题，《道路交通信号和交通技术监控设备排查治理方案》中明确提出此次排查整治的工作目标，如标志标线及交通信号灯的规范设置率、交通技术监控设备规范设置率和检定合格率、道路交通事故起数和致人死亡人数下降比例、交通技术监控设备记录的交通违法行为引发的行政复议和行政诉讼下降比例等。为保证排查整治工作的顺利开展，方案提出了具体的工作要求：一是加强组织领导，把交通信号、交通技术监控设备排查整治工作作为规范道路行车秩序、预防重特大道路交通事故的一项重要任务；二是全面开展排查，将辖区内的交通信号和监控设备逐一设置情况档案；三是组织开展培训，系统学习《道路交通安全法》及交通信号和交通技术监控设备的相关技术标准，确保排查质量；四是多方位搜集设置问题，发动执勤民警、事故处理民警等基层民警，以及新闻媒体、专家学者、运输企业、社团组织和广大驾驶人等交通参与者搜集设置问题；五是认真及时整改，对排查出的问题要会同有关部门组织专家进行研究会审，提出具体的治理意见和措施，明确治理的责任单位和治理时限，落实治理经费，确保整改到位；六是建立长效机制，积极争取政府加大对交通信号和交通技术监控设备的建设投入，并建立定期排查和维护机制，每年定期组织开展交通标志标线、交通信号灯排查和维护工作。

1.3.6 推进交通信号灯配时智能化和交通标志标线标准化

为进一步推进城市道路交通管理工作科学化、精细化、规范化建设，充分发挥交通信号对交通行为的规范、引导和约束作用，维护良好道路交通秩序，提高通行效率，保障交通安全，公安部交通管理局于 2016 年 5 月 3 日印发了《关于推进城市道路交通信号灯配时智能化和交通标志标线标准化的通知》（公交管〔2016〕230 号），从通知印发之日起至 2017 年 12 月 31 日在全国部署推进城市道路交通信号灯配时智能化和交通标志标线标准化工作。此次通知的内容包括 5 个附件，详细提出了此次排查的整改任务及具体的排查工作方法。

1. 排查整改任务

（1）全面排查，建立基础台帐。排查辖区范围内的交通信号灯、禁令和指示等重要交通标志标线及主干路指路标志等交通信号，摸清底数并建立基础台帐，同时结合工作方案中总结的交通信号设置常见问题，对辖区内的交通信号设施进行梳理。

（2）逐步整改，形成阶段性成果。逐步整改交通信号灯和交通标志、标线存在的问题，在 2016 年 12 月底前，形成排查整改的阶段性成果：至少打造 2 条示范路或者 1 个示范区，展示优化完善交通信号设施对提高道路通行效率、规范通行秩序的成效，形成示范效应；信号灯灯具和设置问题的整改率和交通标志标线样式、设置、应用问题整改率不低于 40%，信号灯应用问题的整改率不低于 80%。同时，没有完成的整改工作应当纳入 2017 年的整改计划，并提前安排预算。

（3）合理优化信号灯配时，提高智能化水平。根据路口或路段的交通流运行特征确定信号控制策略，优化多时段配时方案，提高信号灯单点控制效率。根据实际需要，推广自适应控制、线协调控制和区域协调控制，人工干预原则上须经严格审批。

（4）建立和完善相关管理和维护机制。各地要将交通信号灯配时智能化和交通标志标线标准化作为一项常态化工作，开展经常性的排查、维护和改进。2016 年 12 月底前，地市级以上公安交通管理部门要制定出台交通信号灯、交通标志标线设置和应用等方面的具体规定，并建立定期排查整改长效机制。要推动建立城市道路交通信号设施管理和维护专业技术力量，创新工作机制，通过政府购买服务，实现道路交通信号设施设置和维护专业化，不断提高城市道路交通信号设施的科学化、精细化管理水平。

2. 排查工作方法

（1）切实加强组织领导，认真做好排查部署工作。各级公安交通管理部门要将推进道路交通信号灯配时智能化和交通标志标线标准化两项工作摆上重要议事日程，成立排查整改小组，精心组织，明确排查整改时间表，分阶段有效推进排查整改工作的顺利开展。

（2）开展业务培训，提高排查质量。省级公安交通管理部门要举办一次全省（区、市）培训班，专题学习交通信号灯、交通标志标线相关法律法规和技术标准规定，切实提高专业水准，确保排查质量。

（3）联合专业技术力量，深入开展排查。省级公安交通管理部门要成立由专家、业务骨干组成的指导小组，定期开展督导检查和技术指导，确保工作取得实效。各地应当积极组织专业技术力量，或与大专院校、科研机构组成专业技术小分队，全面排查道路交通信号灯不符合标准、配时不科学、自动化程度不高、设置不规范和交通标志标线不符合标准、不明确、不充足以及群众看不见、看不清、看不懂等突出问题。

（4）广泛搜集意见，全方位排查问题和不足。组织基层民警全面参与交通信号设施设置和应用问题排查，从交通参与者的角度体验交通信号灯、交通标志标线存在的问题和不足。同时，通过微信、微博、电话、问卷等多方面渠道，向社会搜集意见，全方位听取广大交通参与者的意见和建议。

（5）边查边改，及时整改问题。各地要坚持边查边改，发现一处整改一处；一时不能整改到位的，要制定计划并提前安排预算。应加强部门之间协作，逐步推动问题整改到位。同时，各地应当按照整改工作进度安排狠抓落实，做好工作进展总结，并及时上报。

第2章 信号灯规范设置与应用

2.1 总体要求

1. 信号灯设置

（1）信号灯应根据道路条件、交通流条件、交通管理的需要进行设置，当设置条件发生改变时，应当及时调换、更新信号灯。

（2）信号灯的设置位置、方位应能保证车辆驾驶人和行人均能够清晰、准确地观察到信号灯，信号灯不应被交通标志、行道树、广告、灯箱等设施遮挡。

（3）信号灯设置时，应当配套设置相应的道路交通标志、标线，所表达的信息应互相协调，不应自相矛盾。

（4）信号灯组合应根据控制对象、控制目标和控制需求等条件综合确定。

（5）信号灯组合应与路口进口导向车道功能划分相配合，合理选用。

（6）一个信号灯组合应当设置在同一个支撑杆件或固定设施上，不能把各个信号灯组分开设置。

（7）信号灯下沿和灯杆不能侵入道路通行净空限界范围。

（8）在大型路口、畸形路口、视线不良的路口，应根据需要在适当位置增设信号灯组合。

【案例2-1】部分城市交通信号灯被行道树、广告牌、横幅等遮挡，如图2-1所示。

（a） （b）

图 2-1　信号灯被行道树、横幅遮挡问题案例（案例2-1）

【解析】《道路交通安全法》第二十五条规定，"交通信号灯的设置应保持清晰、醒目、准确、完好"；第二十八条规定，"道路两侧及隔离带上种植的树木或者其他植物，设置的广告牌、管线等，应当与交通设施保持必要的距离，不得遮挡路灯、交通信号灯、交通标志，不得妨碍安全视距，不得影响通行"。《道路交通信号灯设置与安装规范》GB 14886—2016 第 7.1.4 条规定，至少有一个信号灯组的安装位置和方式能确保：在该信号灯组合所指示的车道上的机动车驾驶人，位于规定的路口视距范围内时均能清晰观察到信号灯。

该案例中交通信号灯被行道树或宣传横幅等遮挡，驾驶人无法及时发现信号灯，容易导致无意识的"闯红灯"行为。因此建议图 2-1（a）中修剪信号灯周边的行道树，图 2-1（b）中拆除广告横幅。如果仍不能确保驾驶人在该范围内清晰观察到信号灯显示状态，应设置相应的警告标志，或在适当位置增加信号灯。

2. 信号控制方案

（1）根据流量分布情况合理划分控制时段，高峰、平峰、低谷期间的相位和配时方案应当有所区别。

（2）一个城市的信号放行规则应该基本保持一致。

（3）设置的行人绿灯时间要能确保行人可以安全通过人行横道。

（4）在设置有方向指示信号灯的路口，方向指示信号灯所指挥的交通流与其他交通流的通行权不能冲突。

（5）市区道路或相对独立的城市片区应尽量采用可以联网控制的交通信号控制机，鼓励根据实际需要联入统一的交通信号控制系统，便于对信号灯路口进行协调控制。

（6）主、次干路信号灯路口应进行协调控制并优化，运用"慢进快出"、"截流、分流"等控制策略，采用"绿波带"、"红波带"等控制方式，在高峰时有效均衡交通流、缓解拥堵；在平峰时保证交通流连续、畅通，提高通行效率。

3. 信号灯的建设和维护机制

（1）信号灯及信号控制系统的新建、更新、改造，应纳入规划，有序实施，工程建设公开、公正。

（2）城市要有专业的交通信号维护队伍，建立完善的巡检、报告、维修制度，维护的资金应纳入财政预算予以保障。

（3）公安交通管理部门应明确信号灯管理、应用的职责和岗位，不断提升专业能力，定期开展信号优化调整。

（4）鼓励通过政府购买服务等方式，积极引入社会力量开展交通信号设施的管理、维护和信号控制的优化服务。

2.2　信号灯选用

2.2.1　信号灯分类

国家标准《道路交通信号灯》GB 14887—2011 第 4.1.4 规定：按信号灯功能分类，可分为机动车信号灯、非机动车信号灯、左转非机动车信号灯、人行横道信号灯、车道信号灯、方向指示信号灯、闪光警告信号灯、道口信号灯、掉头信号灯。《道路交通信号控制系统术语》GB/T 31418—2015 规定的各信号灯的定义如下（见表 2-1）：

机动车信号灯：由红色、黄色、绿色三个几何位置分立的无图案圆形单元组成的一组道路交通信号灯，指挥机动车通行。

非机动车信号灯：由红色、黄色、绿色三个几何位置分立的内有自行车图案的圆形单元组成的一组道路交通信号灯，指挥非机动车通行。

左转非机动车信号灯：由红色、黄色、绿色三个几何位置分立的内有自行车和向左箭头图案的圆形单元组成的一组道路交通信号灯，指挥左转非机动车通行。

人行横道信号灯：由几何位置分立的内有红色行人站立图案的单元和内有绿色行人行走图案的单元组成的一组道路交通信号灯，指挥行人通行。

方向指示信号灯：由红色、黄色、绿色三个几何位置分立的内有同向箭头图案的圆形单元组成的一组道路交通信号灯，用于指挥某一方向上的机动车通行。箭头方向向左、向上和向右分别代表左转、直行和右转。绿色箭头：表示车辆允许沿箭头所指的方向通行；红色或黄色箭头：表示仅对箭头所指方向起红灯或黄灯的作用。

掉头信号灯：由红色、黄色、绿色三个几何位置分立的内有"↷"形图案的圆形单元组成的一组道路交通信号灯，用于指挥机动车掉头。

车道信号灯：由一个红色交叉形图案单元和一个绿色向下箭头图案单元组成的道路交通信号灯。红色交叉形表示本车道不准车辆通行；绿色向下箭头表示本车道准许车辆通行。

道口信号灯：由两个或一个红色无图案圆形单元构成的道路交通信号灯。两个红灯交替闪烁或者一个红灯亮时，表示禁止车辆、行人通行；红灯熄灭时，表示允许车辆、行人通行。

闪光警告信号灯：由一个黄色无图案圆形单元构成的道路交通信号灯。工作状态闪烁，表示车辆、行人通行时注意瞭望，在确保安全后通过（《道路交通信号灯设置与安装规范》GB 14886—2016 第 3.1.1 条）。

交通信号灯分类　　　　　　　　　　　　　　　表 2-1

种类	排列顺序	图案	功能
机动车信号灯	红、黄、绿		指挥机动车通行
非机动车信号灯	红、黄、绿		指挥非机动车通行
左转非机动车信号灯	红、黄、绿		指挥左转非机动车通行
人行横道信号灯	红、绿		指挥行人通行
方向指示信号灯	红、黄、绿		指挥所指方向上的机动车通行
掉头信号灯	红、黄、绿		指挥掉头机动车通行
车道信号灯	红、绿		红色表示本车道不准车辆通行；绿色表示本车道准许车辆通行
闪光警告信号灯	黄		表示车辆和行人在确保安全原则下通行
道口信号灯	红		两个红灯交替闪烁或者一个红灯亮起时，表示禁止通行；红灯熄灭时，表示允许通行

【案例 2-2】某城市设置的机动车信号灯发光单元为"方形"，如图 2-2 所示。

（a）　　　　　　　　　　　　　　　　　（b）

图 2-2　"方形"机动车信号灯问题案例（案例 2-2）

【解析】该案例中的机动车信号灯发光单元为"方形"，不符合标准规定的"无图案圆形"的要求。按照《道路交通信号控制系统术语》GB/T 31418—2015 第 2.1.2 条规定，机动车信号灯为"由红色、黄色、绿色三个几何位置分立的无图案圆形单元组成的一组道路交通信号灯，指挥机动车通行"，明确机动车信号灯的发光单元为"无图案圆形"，应整体更换为符合标准的机动车信号灯，如图 2-3 所示。

图 2-3　机动车信号灯示例

【案例 2-3】某城市设置的方向指示信号灯发光单元图案为"直左右、直左、直右和左转"，如图 2-4 所示。

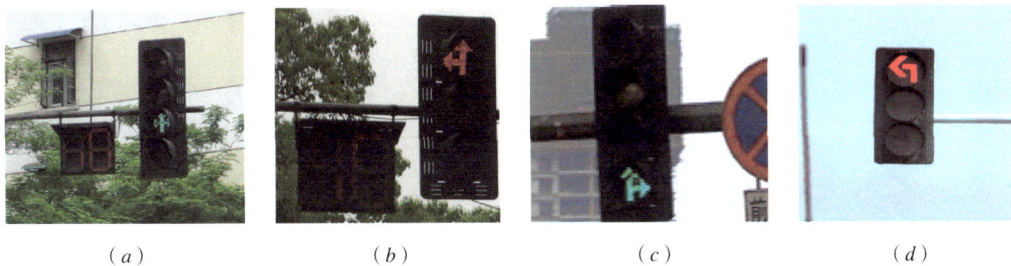

（a）　　　　　　　（b）　　　　　　　（c）　　　　　　　（d）

图 2-4　方向指示信号灯图案不正确问题案例（案例 2-3）

【解析】该案例中方向指示信号灯发光单元"直左右、直左、直右和左转"等图案均是自创样式，不符合标准规定的"箭头形"图案要求。《道路交通信号控制系统术语》GB/T 31418—2015 第 2.1.5 条规定，方向指示信号灯为"由红色、黄色、绿色三个几何位置分立的内有同向箭头图案的圆形单元组成的一组道路交通信号灯"，明确其发光单元图案为箭头形。《道路交通信号灯》GB 14887—2011 的附录 A 中只规定了一种箭头形图案,如图 2-5 所示。如果需要指挥左转、右转或直行的交通流,可调整箭头方向,分别向左、向右、向上。

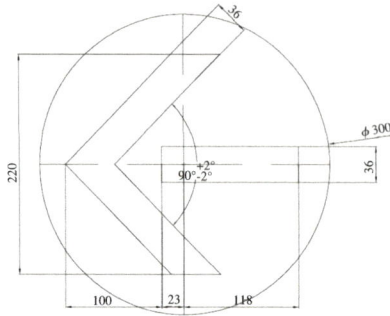

图 2-5　箭头形图案　　　图 2-6　左转方向指示信号灯示例

针对图 2-4(a)、(b)、(c)来说,不需要单独控制转向交通流时,可将信号灯组更换为机动车信号灯,如图 2-3 所示;对图 2-4(d)来说,左转的图案不符合标准规定的"箭头形"图案要求,可将左转方向指示信号灯的发光单元更换为向左的箭头形图案,如图 2-6 所示。

【案例 2-4】某城市设置的指示机动车和非机动车通行的信号灯采用箭头加图案的形式,如图 2-7 所示。

图 2-7　非机动车信号灯图案不正确问题案例(案例 2-4)

【解析】(1)《道路交通信号控制系统术语》GB/T 31418—2015 第 2.1.5 条规定,方向指示信号灯为"由红色、黄色、绿色三个几何位置分立的内有同向箭头图案的圆形单元组成的一组道路交通信号灯,用于指挥某一方向机动车通行",明确方向指示信号灯为指示机动车通行的信号灯,不需要再增加机动车图案。该案例中方向指示信号灯用于控制左转、直行车流,建议应更换为符合标准的"几何位置分立"的左转方向指示信号灯和机动车信号灯，如图 2-8 所示。

图 2-8　左转方向指示信号灯和机动车信号灯示例

（2）按照《道路交通信号控制系统术语》GB/T 31418—2015 第 2.1.3 条规定，非机动车信号灯为"由红色、黄色、绿色三个几何位置分立的内有自行车图案的圆形单元组成的一组道路交通信号灯,指挥非机动车通行。"明确其发光单元为"自行车"图案。同时《道路交通信号灯》GB 14887—2011 附录 A 中明确规定自行车图案的样式及尺寸，如图 2-9 所示，因此，应更换为发光单元图案符合标准的非机动车信号灯，如图 2-10 所示。

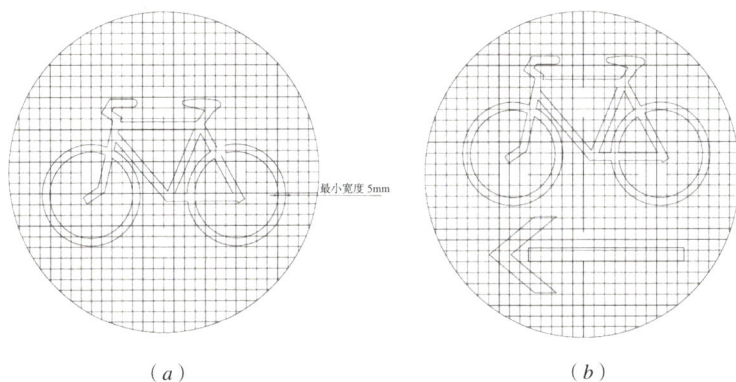

（a）　　　　　　　　　　　　　　（b）

图 2-9　非机动车信号灯图案示例

（a）非机动车信号灯;（b）左转非机动车信号灯

图 2-10　非机动车信号灯示例

【案例2-5】 某城市设置的人行横道信号灯红灯为"手掌"形状，绿灯人行图案与标准规定不一致，如图2-11所示。

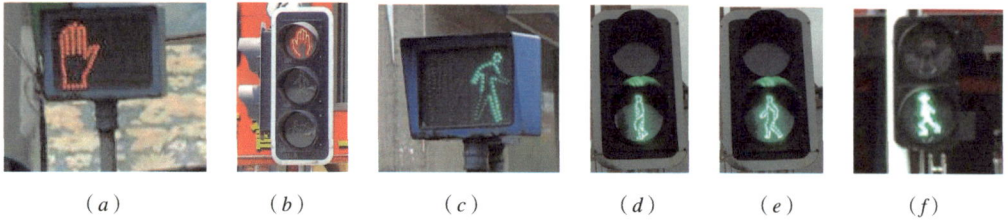

| (a) | (b) | (c) | (d) | (e) | (f) |

图2-11　人行横道信号灯图案不正确问题案例（案例2-5）

【解析】 按照《道路交通信号控制系统术语》GB/T 31418—2015 第2.1.4条规定，人行横道信号灯为"由几何位置分立的内有红色行人站立图案的单元和内有绿色行人行走图案的单元组成的一组道路交通信号灯，指挥行人通行"，明确其发光单元为"红色行人站立"图案和"绿色行人行走"图案。同时《道路交通信号灯》GB 14887—2011 附录A中明确规定了人行横道信号灯图案的样式和尺寸，如图2-12所示。图2-11（a）、（b）中的人行横道信号灯红灯发光单位为"手掌"形状，图2-11（c）、（d）、（e）、（f）中的绿灯人行图案与标准规定不一致，建议更换为发光单元图案符合标准的人行横道信号灯，如图2-13所示。

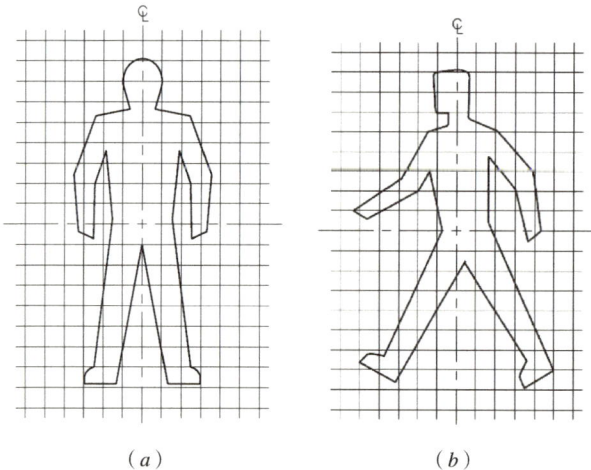

| (a) | (b) |

图2-12　人行横道信号灯图案示例
（a）红色行人站立图案；（b）绿色行人行走图案

图2-13　人行横道信号灯示例

【案例2-6】 机动车信号灯和方向指示信号灯使用"复合灯"，一个发光单元，发出红、黄、绿三种光色，如图 2-14 所示。

（a）　　　　　　　　　　　　　　　（b）

图 2-14　复合机动车信号灯和方向指示信号灯问题案例（案例 2-6）

（a）复合信号灯显示为红色；（b）复合信号灯显示为绿色

　　【解析】《道路交通信号控制系统术语》GB/T 31418—2015 第 2.1.2 条规定，机动车信号灯为"由红色、黄色、绿色三个几何位置分立的无图案圆形单元组成的一组道路交通信号灯"；第 2.1.5 条规定，方向指示信号灯为"由红色、黄色、绿色三个几何位置分立的内有同向箭头图案的圆形单元组成的一组道路交通信号灯"，明确机动车信号灯和方向指示信号灯均为"红色、黄色、绿色三个几何位置分立"。《道路交通信号灯设置与安装规范》GB 14886—2016 第 6.1.1 条规定，机动车信号灯、方向指示信号灯竖向安装时，灯色排列顺序由上向下应为红、黄、绿；横向安装时，灯色排列顺序由左至右为红、黄、绿。这样规定，是考虑到色盲、色弱人员在道路上通行时，可以通过辨别机动车信号灯、非机动车信号灯的亮灯信号位置来判断是否通行。如果采用复合灯，色盲、色弱人员无法通过"上、中、下"或"左、中、右"的排列顺序判断何种通行信号，可能会误判交通信号灯色，存在交通安全隐患。该案例中的机动车信号灯和右转方向指示信号灯均为"复合灯"，应整体更换为符合标准的"红色、黄色、绿色三个几何位置分立"的机动车信号灯和方向指示信号灯，如图 2-15 所示。

图 2-15　机动车信号灯和右转方向指示信号灯

　　【案例 2-7】某城市设置的机动车信号灯、方向指示信号灯、非机动车信号灯的排列顺序由左到右为绿、黄、红，如图 2-16 所示。

（a）

（b）

（c）

图 2-16　信号灯排列顺序不正确问题案例（案例 2-7）

【解析】《道路交通信号灯设置与安装规范》GB 14886—2016 第 6.1.1 条规定，"机动车信号灯、方向指示信号灯、非机动车信号灯竖向安装时，灯色排列顺序由上向下应为红、黄、绿；横向安装时，灯色排列顺序由左到右为红、黄、绿"。该案例中的机动车信号灯、方向指示信号灯和非机动车信号灯的排列顺序不正确，应当重新调整信号灯各发光单元的排列顺序，如图 2-17 所示。

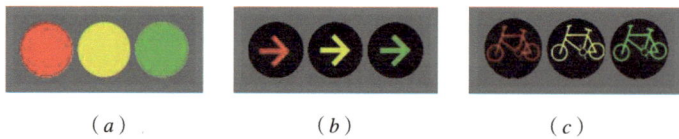

（a）　　　　　　　　（b）　　　　　　　　（c）

图 2-17　信号灯排列顺序示例
（a）机动车信号灯；（b）方向指示信号灯；（c）非机动车信号灯

2.2.2　信号灯尺寸

信号灯发光单元透光面尺寸主要分为 Φ200mm、Φ300mm 和 Φ400mm 三种。不同发光单元的透光面尺寸适合不同道路的交通状况和控制方式，应结合实际情况进行选择。各类尺寸的信号灯推荐使用条件如下：

（1）Φ400mm 信号灯：发光单元透光面尺寸为 Φ400mm 的信号灯主要适用于路口停止线与信号灯的距离大于或等于 70m，或路段限速大于或等于 60km/h 时。

（2）Φ300mm 信号灯：发光单位透光面尺寸为 Φ300mm 的信号灯主要适用于路口停止线与信号灯距离小于 70m，或路段限速小于 60km/h 时，一般情况下宜优先采用。

（3）Φ200mm 信号灯：发光单元透光面尺寸为 Φ200mm 的信号灯一般用于辅助显示，例如在路段人行横道采用信号控制时，如果停止线距离较近，前面车辆驾驶人观察信号灯比较困难，可以在信号灯灯杆立柱上附着设置一组 Φ200mm 的信号灯，辅助显示当前信号状态，如图 2-18 所示。

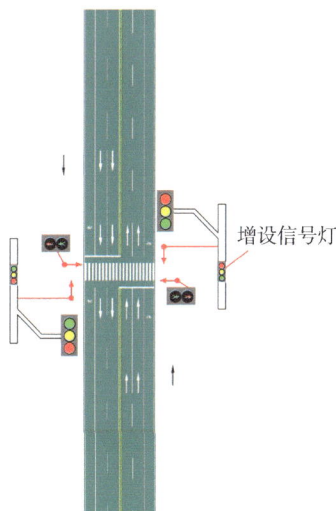

图 2-18　Φ200mm 信号灯附着设置示例

2.2.3　其他要求

（1）新建信号灯应具备委托检测报告。信号灯灯具的光学性能、幻像、色度性能、功率及功率因数等参数应符合国家标准《道路交通信号灯》GB 14887—2011 的要求。

（2）信号灯影响使用时应及时更换。信号灯超过使用寿命或出现亮度不足、颜色失真和 LED 点阵缺失等现象影响使用时，应及时更换。

（3）信号灯壳体颜色与光信号颜色应有明显区别。信号灯壳体表面应光滑，无开裂、无银丝、无明显变形和毛刺等缺陷，壳体的颜色应与光信号颜色有明显的区别，通常为黑色或灰色。

（4）信号灯灯具应标配遮沿。信号灯遮沿是安装在信号灯发光单元外沿，用来减小外来光源对信号灯光学效果的干扰，增加信号的明暗对比度和色彩饱和度的挡板。信号灯灯具应标配遮沿，遮沿的尺寸和角度应满足标准《道路交通信号灯》GB 14887—2011 第 5.1.3.2 条的要求。

【案例 2-8】某城市设置的机动车信号灯，红色发光单元损坏，不能正常工作，如图 2-19 所示。

（a）   （b）

图 2-19　机动车信号灯红色发光单元损坏问题案例（案例 2-8）

【解析】《道路交通信号灯设置与安装规范》GB 14886—2016 第 4.1.3 条规定，"信号灯超出使用寿命或出现亮度不足、颜色失真和 LED 点阵缺失等现象影响使用时，应及时更换"。图 2-19（a）中机动车信号灯红灯不亮，该进口的直行车辆无法判定此时是否可以通行，如果直行车辆通行发生交通事故，则难以认定责任。因此，应更换机动车信号灯红色发光单元。

【案例 2-9】部分城市设置的信号灯无遮沿，在阳光照射强或逆光时难以辨识信号灯灯色，如图 2-20 所示。

图 2-20　无遮沿信号灯视认不清问题案例（案例 2-9）

【解析】信号灯遮沿主要是减少外界光源对信号灯光学效果的干扰，提高信号灯的可视性。该案例中的方向指示信号灯未设置遮沿，导致在强光下信号灯灯色难以辨识，因此，应更换为有遮沿的信号灯。

2.3　信号灯灯色转换顺序

2.3.1　一般情况下灯色转换顺序

交通信号灯灯色应按照相同的规则转换，便于给交通参与者传递相同的道路交通信号，避免引起歧义。

（1）机动车信号灯的灯色转换顺序为：红灯→绿灯→黄灯→红灯（见图2-21）。不允许不同灯色同时启亮。

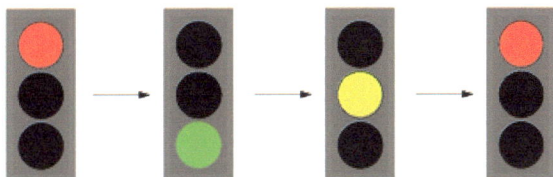

图 2-21　机动车信号灯灯色转换示例

（2）一般情况下，方向指示信号灯的灯色转换顺序为：红灯→绿灯→黄灯→红灯（见图2-22）。主要适用于需要长时间控制某种转向车流时，该转向车流按方向指示信号灯显示的灯色通行。

图 2-22　方向指示信号灯灯色转换示例（一般情况）

（3）掉头信号灯的灯色转换顺序为：红灯→绿灯→黄灯→红灯（见图2-23）。当道路设置有掉头信号灯时，掉头的车辆应当按照掉头信号灯显示的灯色通行。

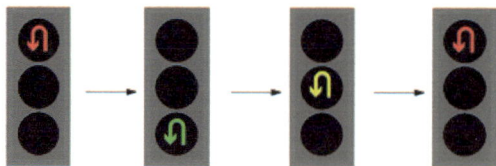

图 2-23　掉头信号灯灯色转换示例

（4）非机动车信号灯和左转非机动车信号灯的灯色转换顺序均为：红灯→绿灯→黄灯→红灯（见图2-24），当道路设置有非机动车信号灯时，非机动车应当按照非机动车信号灯显示的灯色通行。

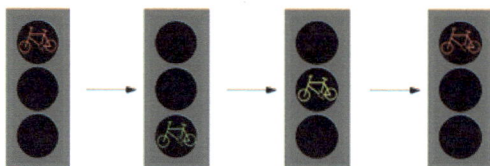

图 2-24　非机动车信号灯灯色转换示例

（5）人行横道信号灯的灯色转换顺序为：红灯→绿灯→绿灯闪烁→红灯（见图2-25）。行人应当按照人行横道信号灯显示的灯色通行。

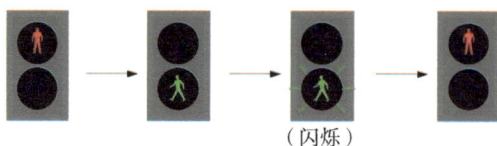

（闪烁）

图 2-25　人行横道信号灯灯色转换示例

（6）车道信号灯灯色转换顺序为：红色叉形→绿色向下箭头→红色叉形（见图2-26）。

图 2-26　车道信号灯灯色转换示例

（7）道口信号灯灯色转换顺序为：红灯交替闪烁或一个红灯亮→红灯熄灭→红灯交替闪烁或一个红灯亮（见图2-27）。

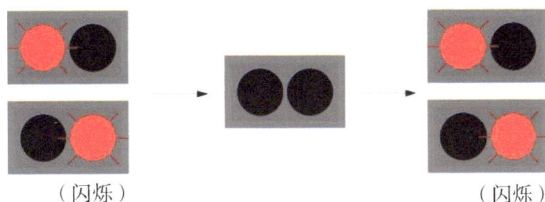

（闪烁）　　　　　　　　　　　　　　　　（闪烁）

图 2-27　道口信号灯灯色转换示例

【案例 2-10】部分城市在机动车信号灯、方向指示信号灯的红灯向绿灯过渡时增加了"红灯闪烁"或"红黄同亮"灯色，如图 2-28 所示。

（a）　　　　　　　　　　　　　（b）

图 2-28　信号灯红灯、黄灯同亮问题案例（案例 2-10）

【解析】该案例中机动车信号灯、方向指示信号灯的红灯向绿灯过渡时增加了"红灯闪烁"或"红黄同亮"灯色，如果个别驾驶人理解为红灯已经结束并在此时驶出停止线易造成交通事故。《道路交通安全法实施条例》第三十八条规定："机动车信号灯和非机动车信号灯表示：（一）绿灯亮时，准许车辆通行，但转弯的车辆不得妨碍被放行的直行车辆、行人通行；（二）黄灯亮时，已越过停止线的车辆可以继续通行；（三）红灯亮时，禁止车辆通行"，但是没有规定"红灯闪烁"或"红黄同亮"的含义和通行规则，因此，这种灯色不是法定的信号灯色。《道路交通信号灯设置与安装规范》GB 14886—2016 第 4.3.3 条规定信号灯灯色的转换顺序为："a）机动车信号灯：红灯→绿灯→黄灯→红灯；b）方向指示信号灯：红灯→绿灯→黄灯→红灯，或红灯→所有灯熄灭→黄灯→红灯"。因此，不应"红灯闪烁"或"红黄同亮"，在禁止通行期间仅允许信号灯红灯启亮。

2.3.2 方向指示信号灯灯色特殊转换顺序

1. 右转需要限制时

在城市中心区或商业区行人、非机动车较多的情况下，机动车信号灯绿灯放行时，为了避免右转机动车对直行的行人和非机动车的干扰，需要对右转车进行短暂的控制，此时，可选择采用如图 2-29 所示的控制方式。

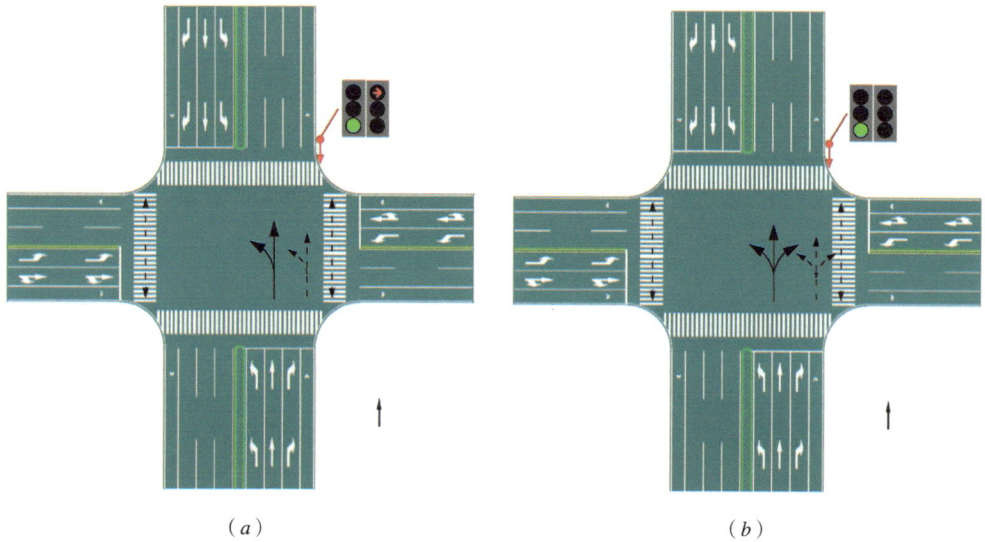

（a） （b）

图 2-29 限制右转车流的控制方式

（a）右转不允许通行（右转方向指示箭头灯为红灯）；（b）右转允许通行（右转方向指示灯熄灭）

此时，右转方向指示信号灯的灯色转换顺序为：红灯→所有灯熄灭→黄灯→红灯，如图 2-30 所示。需要注意的是，右转方向指示信号灯必须与机动车信号灯同时设置。

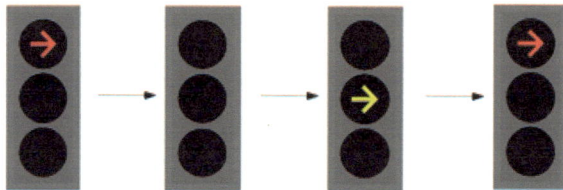

图 2-30 右转方向指示信号灯灯色转换示例（限制右转车流）

2. 左转需要限制时

在支路与干路相交的路口，当左转机动车数量较少时，为了减少左转车流对对向直行机动车通行的干扰，可以根据需要在机动车绿灯相位放行初期，对左转车流进行短暂的控制，如图2-31所示。

（a）　　　　　　　　　　　　　　　　（b）

图2-31　限制左转车流的控制方式示例

（a）左转不允许通行（左转方向指示信号灯为红灯）；（b）左转允许通行（左转方向指示信号灯熄灭）

此时，左转方向指示信号灯的灯色转换顺序为：红灯→所有灯熄灭→黄灯→红灯，如图2-32所示。需要注意的是，左转方向指示信号灯必须与机动车信号灯同时设置，并且左转方向指示信号灯只能在机动动车信号灯启亮绿灯期间所有灯都熄灭。

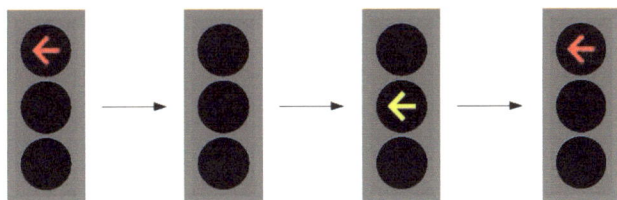

图2-32　左转方向指示信号灯灯色转换示例（限制左转车流）

2.3.3　信号灯黄闪

1. 闪光警告信号灯

闪光警告信号灯主要设置在需要提示驾驶人和行人注意瞭望、确认安全后通过的路口，一般是持续闪烁的黄灯信号。黄闪信号的频率应当满足行业标准《太阳能黄闪信号灯》GA/T 743—2007第5.7节的要求。

2. 黄闪控制

黄闪控制是指所有信号灯组的黄灯信号均以固定频率闪烁，用于警示路口车辆和行人谨慎通行的控制方式，主要适用于以下两种情况：

（1）在信号机或信号灯组发生严重故障，如绿冲突故障、信号灯组所有红灯均熄灭、信号灯组红灯绿灯同亮等情况时，信号灯应立即进入黄闪或关灯状态。

（2）在夜间交通流量较少时，信号控制路口采用黄闪控制的方式，提高路口的通行效率。

【案例2-11】部分城市对路口的右转机动车采用右转方向指示信号灯"黄灯闪烁"的控制方式，如图2-33所示。

图2-33　右转方向指示信号灯黄灯闪烁问题案例（案例2-11）

【解析】《道路交通安全法实施条例》第四十二条规定，"闪光警告信号灯为持续闪烁的黄灯，提示车辆、行人通行时注意瞭望，确认安全后通过"。《道路交通信号灯设置与安装规范》GB 14886—2016 第3.1.1条规定，"闪光警告信号灯"是"由一个黄色无图案圆形单元构成的道路交通信号灯。工作状态闪烁，表示车辆、行人通行时应注意瞭望，在确保安全后通过"。《道路交通信号控制系统术语》GB/T 31418—2015 第2.4.16条规定，"黄闪控制"为"所有信号灯组的黄灯信号均以固定频率闪烁的用于警示的控制方式"。也就是说，采用黄灯闪烁用于黄闪控制时，一种是使用闪光警告信号灯，一种是设置的所有信号灯组均黄闪，该案例中只有右转指示信号灯在黄灯闪烁，其法律含义不明确。因此，建议取消右转方向指示信号灯"黄灯闪烁"信号，根据实际情况，选择以下控制方式：

（1）对于非机动车、行人流量较小的路口，可以按照图2-34所示的方式设置常规组合2，此时右转机动车应在不妨碍被放行的直行非机动车、行人的情况下通行。

图2-34　信号灯常规组合2示例

（2）对于非机动车、行人流量较大的路口，可增加右转方向指示信号灯红灯相位，即设置信号灯特殊组合2，如图2-35所示。在非机动车和行人高峰时段控制右转机动车通行，减少右转机动车对直行非机动车和行人的通行干扰，当右转方向指示信号灯红灯时，右转车辆禁止通行，当右转方向指示信号灯所有灯熄灭时，右转机动车在不妨碍被放行的直行非机动车、行人的情况下通行，此时右转方向指示信号灯的灯色转换顺序如图 2-30 所示。

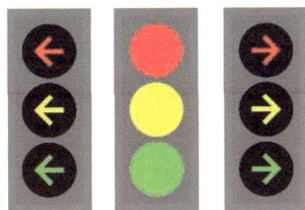

图 2-35 信号灯特殊组合 2 示例

2.4 信号灯组合设置

2.4.1 信号灯组合形式分类

机动车信号灯和方向指示信号灯的组合形式分为常规组合和特殊组合两大类，其中，常规组合有 2 种形式，可适用于大部分的路口；特殊组合有 3 种形式，通常适用于路口需要单独限制或控制右转的情况，如表 2-2 所示。

交通信号灯组合形式分类 表 2-2

组合名称	图示		说明
常规组合 1		通常用于两相位的信号控制方式	（1）机动车信号灯中绿灯亮表示准许车辆通行，但转弯的车辆不得妨碍被放行的直行车辆、行人通行； （2）红灯亮表示禁止车辆通行，但右转弯的车辆在不妨碍被放行的车辆、行人通行的情况下，可以通行
常规组合 2		（1）通常用于需要单独控制左转时； （2）允许左转方向指示信号灯中所有发光单元均熄灭，此时相当于常规组合 1	（1）机动车信号灯的绿灯亮，左转方向指示信号灯的红灯亮表示：直行和右转方向可通行，左转禁行； （2）机动车信号灯中红灯亮，左转方向指示信号灯的绿灯亮表示：左转方向可通行，直行禁行，右转弯的车辆在不妨碍被放行的车辆通行的情况下，可以通行
特殊组合 1		（1）通常用于需要单独控制右转时； （2）允许右转方向指示信号灯中所有发光单元均熄灭，此时相当于常规组合 1	（1）机动车信号灯的绿灯亮，右转方向指示信号灯的红灯亮表示：直行和左转方向可通行，右转禁行； （2）机动车信号灯中红灯亮，右转方向指示信号灯的绿灯亮表示：直行和左转禁行，右转方向可通行

组合名称	图示	说明	
特殊组合2		（1）用于需要单独控制左转和右转时； （2）允许右转方向指示信号灯中所有发光单元均熄灭，此时相当于常规组合2； （3）允许左转方向指示信号灯中所有发光单元均熄灭，此时相当于特殊组合1； （4）允许左转和右转方向指示信号灯中所有发光单元均熄灭，此时相当于常规组合1	（1）机动车信号灯绿灯亮、左转和右转方向指示信号灯的红灯亮表示：直行车辆可通行，左转和右转车辆禁止通行； （2）左转方向指示信号灯绿灯亮、机动车信号灯和右转方向指示信号灯的红灯亮表示：左转车辆可通行，直行和右转方向车辆禁止通行； （3）右转方向指示信号灯绿灯亮、机动车信号灯和左转方向指示信号灯的红灯亮表示：右转车辆可通行，直行和左转方向车辆禁止通行
特殊组合3		（1）用于对左转、直行、右转进行多相位控制时； （2）此时应同时设置非机动车信号灯和人行横道信号灯，确保所指挥的交通流与其他交通流的通行权不冲突； （3）若夜间或其他时段采用两相位的信号控制方式时，不宜采用此类特殊组合	（1）直行方向指示信号灯绿灯亮、左转和右转方向指示信号灯红灯亮表示：直行方向车辆可通行，左转和右转方向车辆禁止通行，此时不允许存在与直行车辆有冲突的交通流； （2）左转方向指示信号灯绿灯亮、直行和右转方向指示信号灯红灯亮表示：左转方向车辆可通行，直行和右转方向车辆禁止通行，此时不允许存在与左转车辆有冲突的交通流； （3）右转方向指示信号灯绿灯亮、直行和左转方向指示信号灯红灯亮表示：右转方向车辆可通行，直行和左转方向车辆禁止通行，此时不允许存在与右转车辆有冲突的交通流

2.4.2 信号灯组合选择

信号灯组合形式应根据指挥对象、控制目标、控制方式、路口渠化等条件综合确定。首先，根据路口进口车道功能划分的不同，初步选择信号灯的组合形式，如表2-3所示。

信号灯组合形式适用类型选择　　　　　　表2-3

进口车道功能划分	信号灯组合				
	常规组合1 	常规组合2 	特殊组合1 	特殊组合2 	特殊组合3
未划分车道功能	√				
直左、直右车道	√				
左转、直右车道	√	√			
直左、右转车道	√		√		
左转、直行、直右车道	√	√			

续表

进口车道功能划分	信号灯组合				
	常规组合1	常规组合2	特殊组合1	特殊组合2	特殊组合3
左转、直行、右转车道	√	√	√	√	√*
左转、右转车道	√		√		

*：设置特殊组合3时，应同时设置非机动车信号灯和人行横道信号灯，确保所指挥的交通流与其他交通流的通行权不冲突。

1. 未划分车道功能时

当路口进口道未划分车道功能时，应选择常规组合1，即设置一组机动车信号灯。

2. 进口道为直左、直右车道时

当路口进口道划分为直左、直右车道，没有专用转向车道时，应选择常规组合1，如图2-36所示。

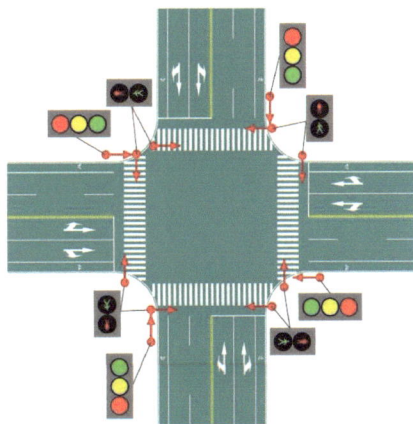

图 2-36　进口道为直左、直右车道信号灯设置示例

3. 进口道为左转、直右车道时

当路口进口道划分为左转、直右车道时，可根据信号控制需要选择常规组合1或常规组合2。

（1）当路口左转车辆较少，不需要单独设置左转相位时，可选择常规组合1。

（2）当路口左转车辆较多，需要单独设置左转相位时，可选择常规组合2，如图2-37所示。

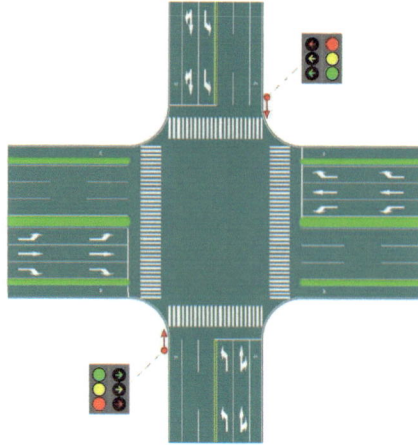

图 2-37　路口进口道为左转、直右车道信号灯设置示例（常规组合 2）

4. 进口道为直左、右转车道时

当路口进口道划分为直左、右转车道时，可根据信号控制需要选择常规组合 1 或特殊组合 1。

（1）一般不需要对右转进行控制时，可选择设置常规组合 1。

（2）当路口行人和非机动车流量较大，为减少右转机动车对行人和非机动车的干扰，限制右转车辆时，可选择设置特殊组合 1，如图 2-38 所示。

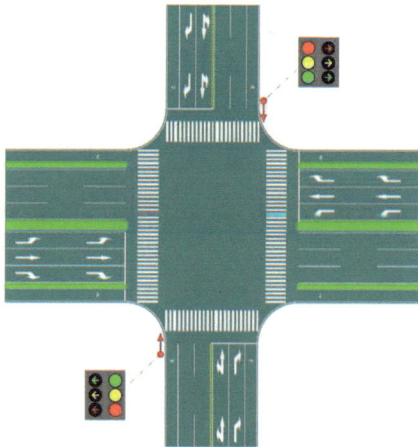

图 2-38　路口进口道为直左、右转车道信号灯设置示例（特殊组合 1）

5. 进口道为左转、直行、直右车道时

当路口进口道划分为左转、直行、直右车道时，可根据信号控制需要选择常规组合 1 或常规组合 2。

（1）当路口左转车辆较少，不需要单独设置左转相位时，可选择常规组合1。

（2）当路口左转车辆较多，需要单独设置左转相位时，可选择常规组合2，如图2-39所示。

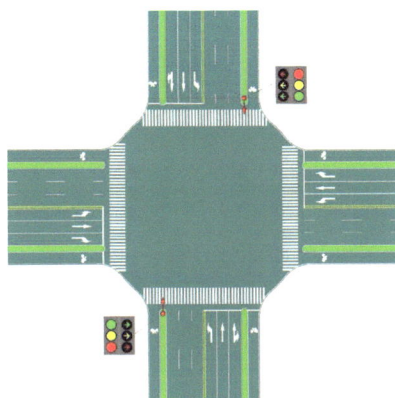

图2-39　路口进口道为左转、直行、直右车道信号灯设置示例（常规组合2）

6. 进口道为左转、直行和右转车道时

当路口同时设置左转、直行和右转专用车道时，可根据信号控制需要选择5种信号灯组合形式中的任意一种。

（1）当路口左转车辆较少，不需要单独设置左转相位时，可选择常规组合1，如图2-40（a）所示；若此时路口行人、非机动车较多，右转车辆对直行的行人和非机动车会产生干扰时，可设置特殊组合1，如图2-40（b）。

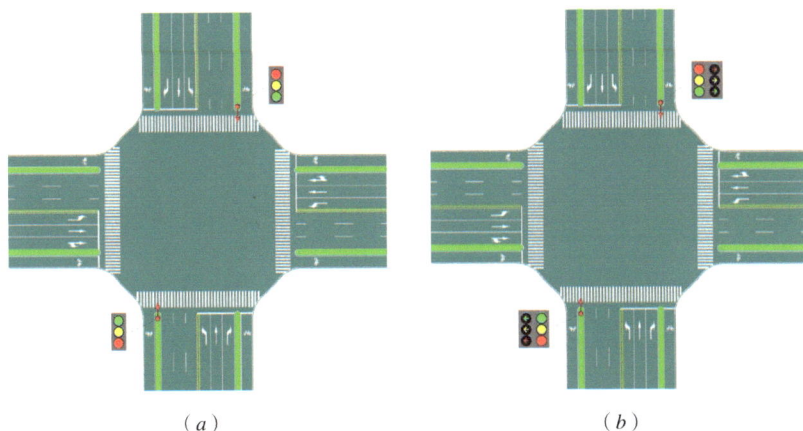

（a）　　　　　　　　　　　　　　　（b）

图2-40　路口进口道为左转、直行、右转车道信号灯设置示例

（a）常规组合1；（b）特殊组合1

（2）当路口左转车辆较多，需要单独设置左转相位时，可选择设置常规组合2，如图2-41（a）所示；若此时路口行人、非机动车较多，右转车辆对直行的行人和非机动车会产生干扰时，可设置特殊组合2，如图2-41（b）所示。

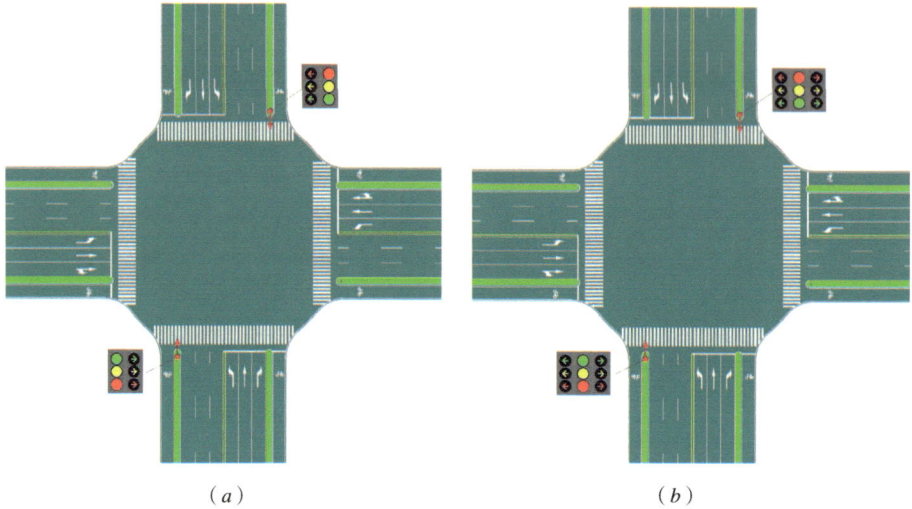

（a）   （b）

图 2-41 路口进口道为左转、直行、右转车道信号灯设置示例
（a）常规组合 2；（b）特殊组合 2

（3）如果全天 24 小时均需要对路口的左转、直行和右转进行多相位控制时，可选择设置特殊组合 3，如图 2-42 所示。

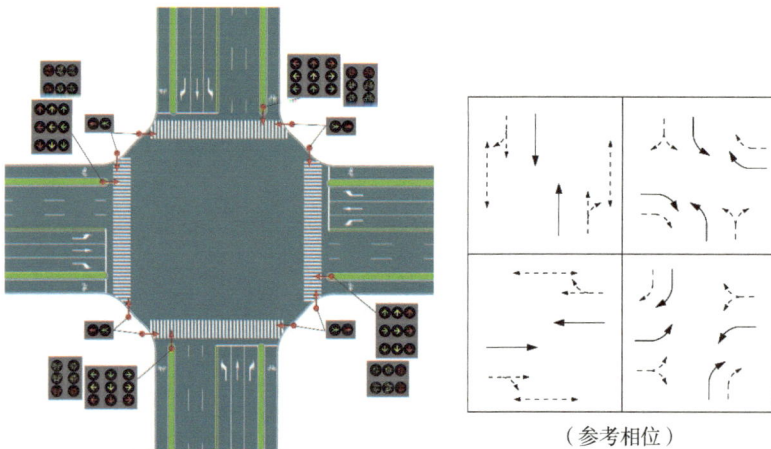

（参考相位）

图 2-42 路口进口道为左转、直行、右转车道信号灯设置示例（特殊组合 3）

1）特殊组合 3 极少使用，如果必须要设置特殊组合 3，应同时配套设置非机动车信号灯和人行横道信号灯，并保证方向指示信号灯指示的车流与其他交通流的通行权不发生冲突；

2）采用特殊组合3时，应禁止任意2个或3个方向指示信号灯同时亮绿灯。当右转方向指示信号灯绿灯亮时，还应当禁止行人和非机动车通行，非机动车右转车辆除外；

3）如果夜间或其他时段需要采用两相位控制时，不应采用这种组合方式，应当由特殊组合2替代。

【案例2-12】部分城市设置的左转、直行和右转三个方向指示信号灯同时启亮绿灯，造成通行权冲突，如图2-43所示。

（a）　　　　　　　　　　　　　（b）

图2-43　左、直、右方向指示信号灯绿灯同亮问题案例（案例2-12）

【解析】《道路交通信号灯设置与安装规范》GB 14886—2016第4.3.1条规定"在设置有方向指示信号灯的路口，方向指示信号灯所指挥的交通流与其他交通流的通行权不应冲突"，第6.1.4条第e）款规定，需全天24小时均采用对左转、直行、右转分别控制的多相位控制方式的路口，可选择特殊组合2和特殊组合3，参见表2-3。该案例中左、直、右3个方向指示信号灯绿灯同亮，左转与对向直行的机动车流、右转机动车与直行非机动车及行人等交通流均存在通行权冲突。如果路口采用两相位放行方式，建议将方向指示信号灯调整为机动车信号灯。

7. 有专用掉头车道时

掉头信号灯通常设置在有专用掉头车道、并且需要单独控制掉头车辆的路口。主要包括以下两种情况：

（1）如果车辆越过停止线掉头，则掉头信号灯在原有信号灯组合的基础上增加设置，如图2-44所示。

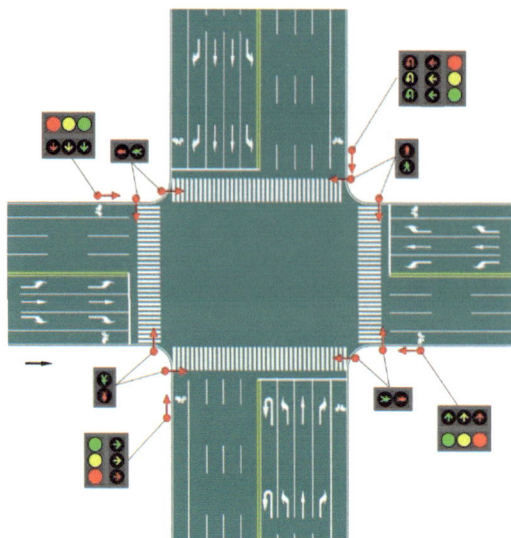

图 2-44　掉头信号灯与信号灯组合同时设置示例

（2）当车辆在停止线前掉头，并且路口设置有中央分隔带时，掉头信号灯可单独设置在掉头口位置，如图 2-45 所示。

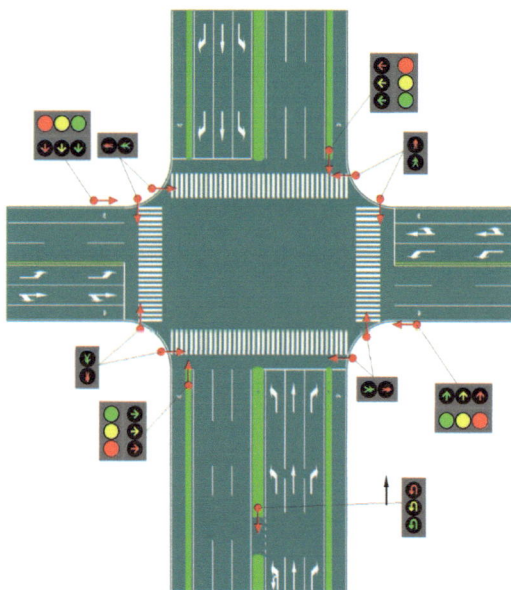

图 2-45　掉头信号灯单独设置示例

8.T 形路口

T 形路口的垂直方向一般应设置常规组合 1，路口其他方向可参照十字路口进口道功能划分情况进行设置，如图 2-46 所示。

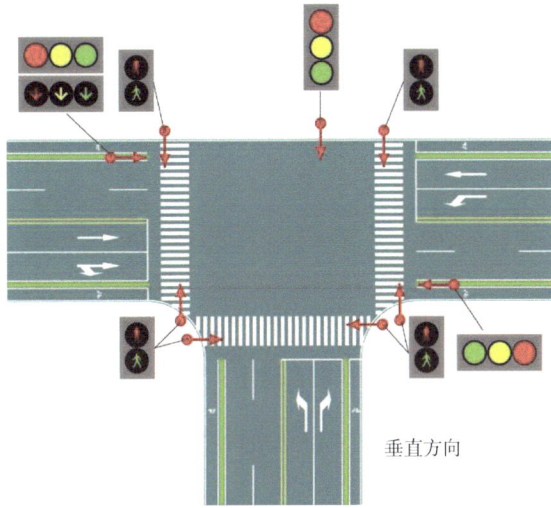

图 2-46　T 形路口信号灯设置示例（常规组合 1）

9. 环形路口

当环形路口需要信号控制时，应在环岛的进、出口位置设置常规组合 1，分别控制进、出环岛的交通流，如图 2-47 所示。

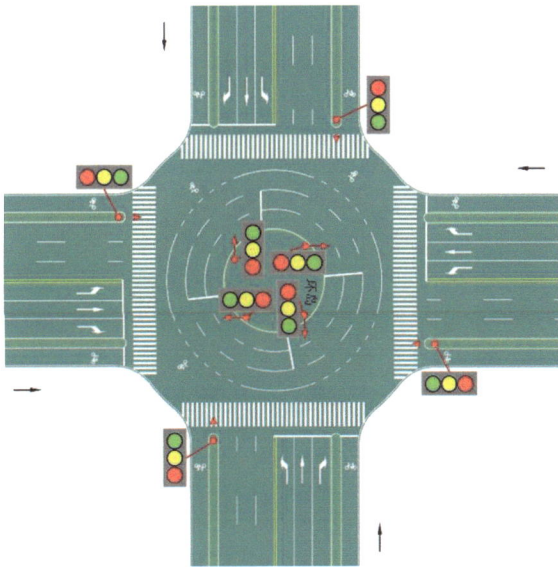

图 2-47　环形路口信号灯设置示例（常规组合 1）

【案例 2-13】部分城市在没有设置专用左转车道或专用右转车道的路口采用特殊组合 3，如图 2-48 所示。

（a）　　　　　　　　　　　（b）

图 2-48　信号灯与进口道功能不匹配问题案例（案例 2-13）

【解析】《道路交通信号灯设置与安装规范》GB 14886—2016 第 6.1.3 条规定，特殊组合 3 "仅适用于独立设有左转专用车道和右转专用车道、需全天 24 小时对左转、直行和右转进行多相位控制的路口，同时应设置非机动车信号灯和人行横道信号灯，确保方向指示信号灯所指挥的交通流与其他交通流的通行权不冲突"。该案例中设置的信号灯组均为特殊组合 3（即左转、直行和右转方向指示信号灯），但图 2-48（a）中路口进口道是直左、直右车道，建议更换信号灯组为常规组合 1，如图 2-49（a）所示；图 2-48（b）中路口进口道是左转车道和直右车道，没有设置右转专用车道，因此建议更换信号灯组为常规组合 2，如图 2-49（b）所示。

（a）　　　　　　　　　　　（b）

图 2-49　建议更换的信号灯组合形式
（a）常规组合 1；（b）常规组合 2

【案例 2-14】部分城市在 T 形路口的垂直方向设置左转、右转方向指示信号灯，如图 2-50 所示。

图 2-50　信号灯与进口道功能不匹配问题案例（案例 2-14）

【解析】《道路交通信号灯设置与安装规范》GB 14886—2016 第 6.1.2 条和第 6.1.3 条规定的 5 种信号灯组合形式并没有包含该案例中设置的左转、右转方向指示信号灯的组合形式。一般 T 形路口垂直方向的进口道为左转车道和右转车道，设置常规组合 1 即可满足路口的控制需求，如果路口的行人和非机动车较多，需要对右转车辆进行控制时，也可以考虑设置特殊组合 1，如图 2-51（b）所示。同时，该信号灯为一灯三色的"复合灯"，并且未设置信号灯遮沿，应参照案例 2-6 和案例 2-9 进行调整。

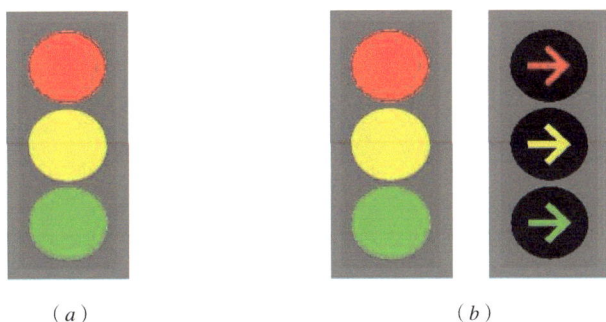

（a）　　　　　　　　　　　　　　（b）

图 2-51　建议更换的信号灯组合形式
（a）常规组合 1；（b）特殊组合 1

【案例 2-15】部分城市在没有专用掉头车道的路口设置掉头信号灯，如图 2-52 所示。

图 2-52　信号灯与进口道功能不匹配问题案例（案例 2-15）

【解析】《道路交通信号灯设置与安装规范》GB 14886—2016 第 6.1.5 条规定，在设置专用掉头机动车道的路口，需对掉头机动车进行控制时，可在表 2-3 所列组合的基础上增设掉头信号灯，明确必须是设置专用掉头机动车道的路口才可以设置掉头信号灯。该案例中路口进口道设置的是左转掉头共用车道，建议拆除掉头信号灯，掉头车辆根据左转方向指示信号灯信号通行。

2.5　信号相位设置

2.5.1　相位设置流程

信号相位是指在一个信号周期内，具有相同的信号灯色显示的一股或几股交通流的信号状态序列。例如，两相位放行时，一个相位用于控制一条道路的车辆通行，左转车辆须利用对向直行车流间隙通过。将两条相交道路的左转和直行车辆分开放行，即形成了四相位放行方式。在路口相位设置时，应综合考虑路口的交通特征以及渠化等情况，合理设置信号相位，保证路口的通行安全和效率。相位设置流程为：

（1）调查路口的渠化、信号灯组合形式、交通流运行特征等内容。

（2）根据调查内容，判断是否需要设置左转专用相位。

（3）确定相位设置的初步方案。

（4）综合考虑右转、行人及非机动车流量，对初选方案进行微调。

（5）方案实施后，根据通行能力、周期时长、车辆延误、饱和度等因素，以及是否满足最大排队长度等限制条件，进行适当的调整，形成最终方案。

2.5.2　调查内容

相位选择需要综合考虑路口渠化、信号灯组合形式、交通流运行特征等内容。

1.路口渠化

（1）路口形式、进口道车道数及车道功能划分；

（2）行人、非机动车过街方式；

（3）公交专用车道、有轨电车车道等设置情况；

（4）交通管理措施，如单行、禁左、可变导向车道等。

2.信号灯组合形式

调查内容包括：是否设置了左转方向指示信号灯、右转方向指示信号灯、机动车信号灯、非机动车信号灯、人行横道信号灯等。

3.交通流运行特征

（1）路口交通流的主流向；

（2）交通流的不对称性；

（3）转向交通比例等。

2.5.3　左转专用相位设置条件

当具备以下条件之一时，可考虑设置左转专用相位：

（1）左转交通流量较大、转弯车辆穿插间隙不足，在信号周期内通行困难的；

（2）进口道有两条或者两条以上左转专用车道；

（3）路口左转非机动车较多，且非机动车跟随机动车左转通行时；

（4）有左转专用车道，且对向设置有两条及以上直行车道时，左转车辆需穿越两股直行车流，交通冲突较大；

（5）有左转车道设置于同向直行车道右侧等特殊交通组织需求时。

2.5.4　常用相位设置

路口的信号控制相位应统筹兼顾通行效率和交通安全。增加相位数，能减少交通流冲突点的数量，但信号损失时间也随之增多，相位设置需要综合考虑路口交通流运行情况及路口渠化等条件进行确定。

当左转车辆与对向直行车辆之间干扰较小，左转车辆能利用直行车辆间隙穿插通行时，可优先采用两相位信号控制。如果交通安全问题突出，则应增加信号相位；如果拥堵问题突出（不属于秩序混乱造成的拥堵），则不宜增加信号相位，而应通过其他交通组织优化方法来缓解拥堵问题。

1. 相位设置基本要求

（1）通常情况下，考虑到信号灯组合形式及驾驶人的驾驶习惯，路口的相位放行顺序应尽量保持不变，但特殊条件下也可适当调整。

（2）交通流量较少的信号灯控制路口，夜间流量下降时，可考虑调整为黄闪控制方式。

（3）部分高峰时采用四相位控制的路口，平峰流量较小时可考虑调整为两相位控制。此时，左转方向指示信号灯采用灭灯或变换为机动车信号灯的形式。

2. 典型路口相位设置

通常情况下，T形路口可采用两相位或三相位控制，十字路口可考虑采用两相位、三相位或四相位控制。

（1）T形路口

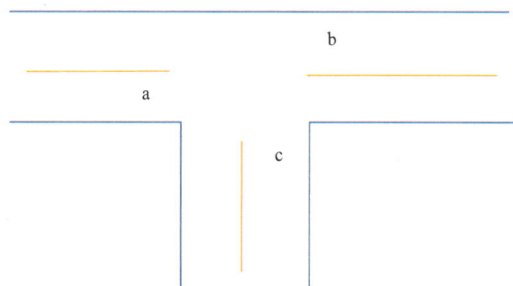

图2-53 T形路口的不同进口道示例

1）当T形路口b进口道（见图2-53）未设置左转专用车道，或设置有左转专用车道但左转交通量较少时，宜采用两相位进行控制，左转的非机动车可采用二次过街的方式。相位设置如图2-54所示。

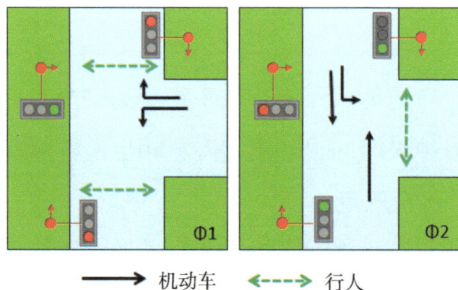

图2-54 T形交叉口两相位示例

2）当 T 形路口进口道 b（见图 2-53）的一个信号周期内的左转车辆数大于 3 辆或左转交通量超过 100veh/h 时，可考虑设置左转专用相位，采用三相位进行控制。相位设置如图 2-55 所示。

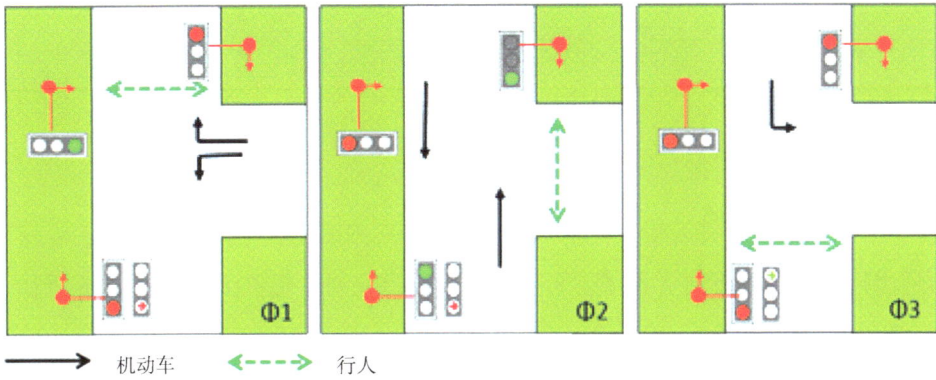

图 2-55　T 形路口三相位示例

（2）十字路口

1）当十字路口的交通流量较小时，可考虑采用两相位进行控制。相位设置如图 2-56 所示。

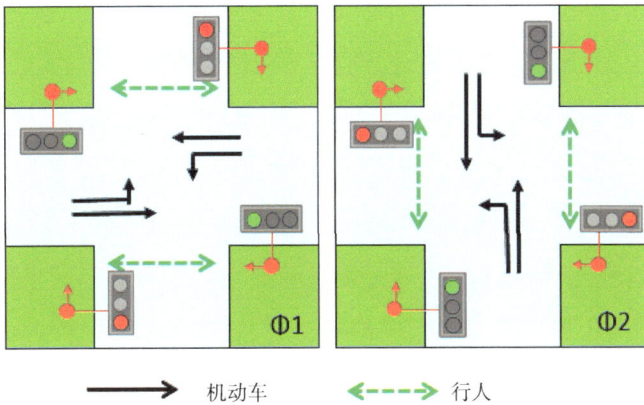

图 2-56　十字路口两相位示例

2）当十字路口的某一条相交道路一个信号周期内左转车辆数大于 3 辆或左转交通量超过 100veh/h，同时相交道路的交通流量较小时，可考虑在该道路增加左转专用相位，采用三相位进行控制。相位设置如图 2-57 所示。

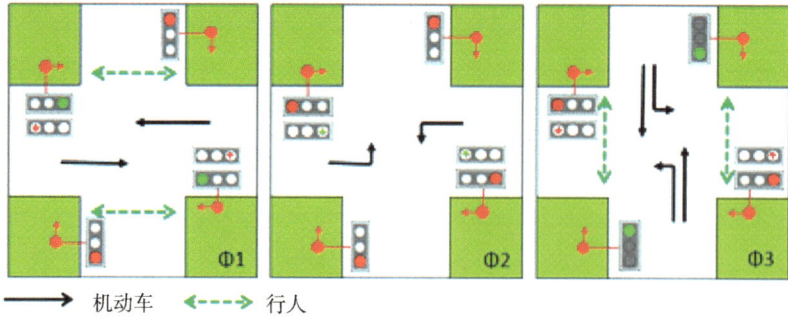

机动车 ⬅- - -➡ 行人

图 2-57　十字路口三相位示例

3）当十字路口的两条相交道路的一个信号周期内的左转车辆数均大于 3 辆或左转交通量均超过 100veh/h 时，可考虑采用四相位进行控制。相位设置如图 2-58 所示。

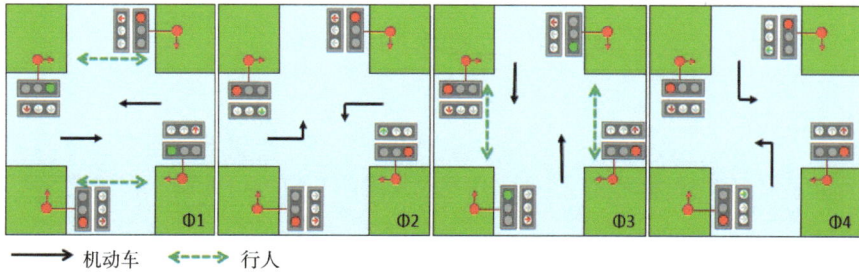

机动车 ⬅- - -➡ 行人

图 2-58　十字路口四相位示例

4）当十字路口采用直行和左转分开放行的四相位控制方式时，某一条道路的两个进口道方向的交通流量不对称，如南进口左转和直行流量均大于北进口时，可考虑采用搭接相位的形式进行信号控制，将流量较小的流向提早关闭，提前开启流量较大的方向。设置搭接相位时，搭接相位方向应增设非机动车信号灯，搭接相位放行期间，对应左转非机动车禁止通行，其他无非机动车信号灯进口道，非机动车跟随机动车通行。相位设置如图 2-59 所示。

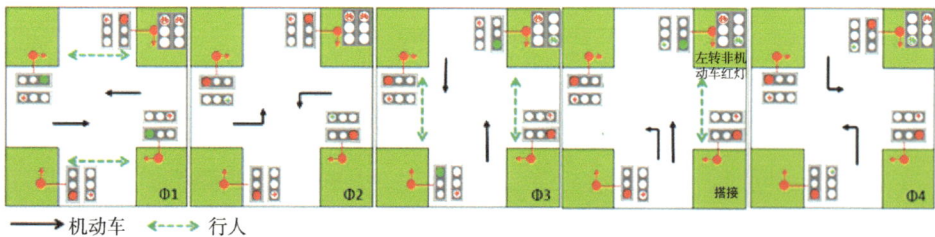

机动车 ⬅- - -➡ 行人

图 2-59　搭接相位设置示例

5）当路口进口道左转与直行单车道流量接近，且与对向交通流量不对称时，在满足非机动车通行的情况下，可采用单口轮流放行的方式。

2.5.5　相序设计

在需要设置左转专用相位时，通常情况下，先放行直行，再放行左转；当路口内施划了左弯待转区时，应先放行直行，再放行左转。但存在下列情况时，可考虑先放行左转再放行直行：

（1）设置有直行待行区的路口，一般情况应先放行左转，后放行直行，在左转放行时，直行车辆可进入直行待行区。但当路口较大时，也可先放直行后放左转，直行车辆在相交方向放行左转时进入待行区。

（2）当左转车道设置在同向直行车道右侧时，左转和直行的放行顺序可根据路口条件进行选择。

如有公交优先控制、行人按钮过街控制等可能需要插入相位的情况时，可采用特殊的相位放行方式，相序可根据需要进行调整。

2.5.6　右转控制

右转交通一般不需要单独控制，但当具备以下条件时，可考虑安装右转方向指示信号灯，对右转交通流进行单独控制：

（1）有两条右转专用车道。

（2）行人与非机动车交通流量较大，无导流岛，右转机动车与直行非机动车及行人冲突较大。

例如，某路口的南进口，右转车辆与行人、非机动车冲突，需要在直行车流放行初期对右转车流进行控制，右转车辆放行时，右转方向指示信号灯的所有发光单元熄灭；禁止右转车辆通行时，右转方向指示信号灯红色发光单元启亮，如图2-60所示。

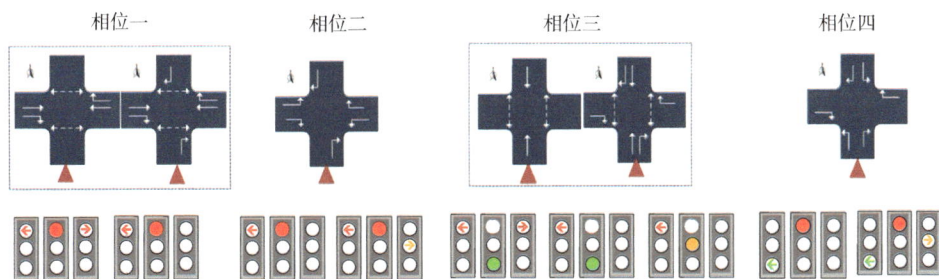

图2-60　直行初期对右转进行控制时信号灯显示方式示例

（3）当快速路出口匝道与地面路口进口道并列，且内侧与外侧均设置右转专用车道时，应进行右转控制。

例如，某路口南进口内侧有快速路匝道出口，匝道出口的右转车辆与南进口的左转和直行车辆存在冲突，应进行右转控制，右转车辆可随相交道路的左转和直行车辆通行。南进口的车道设置及信号灯放行方式如图 2-61 所示。

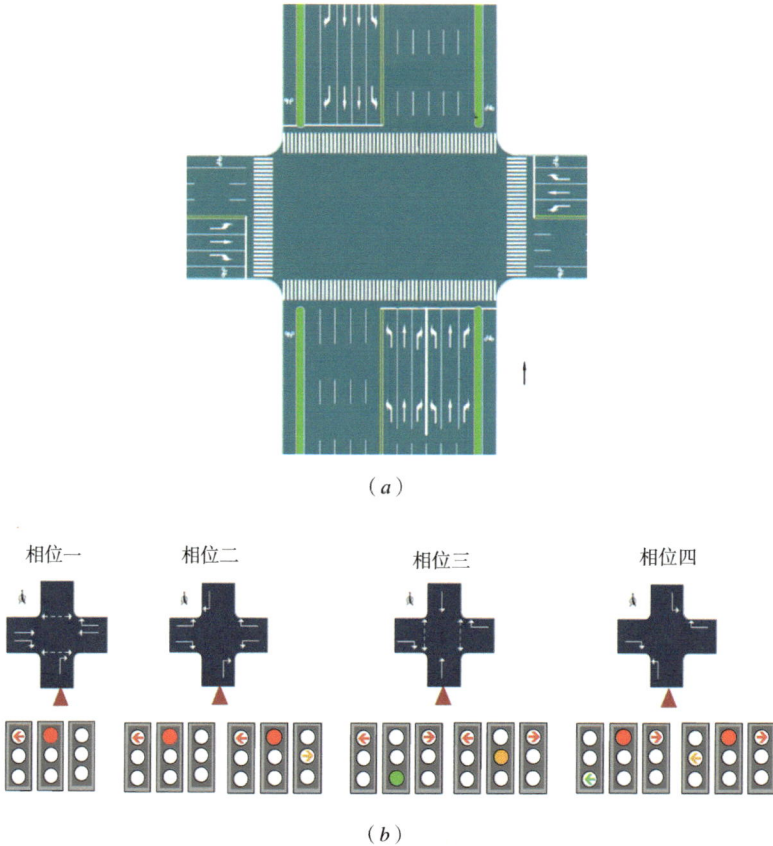

（a）

（b）

图 2-61　匝道出口右转车道布设及信号灯放行方式示例
（a）南进口车道布设；（b）南进口信号灯显示

（4）当路口进口道有辅道，且主路设有右转专用车道时，应进行右转控制。

（5）右转弯视距不良，驾驶人不易注意到直行非机动车与行人时，可进行右转控制。该情况下，本方向直行时右转方向指示信号灯为红灯。

例如，某路口南进口由于机非分隔带影响右转车辆观察直行非机动车及行人过街情况，设置了右转方向指示信号灯，当本方向直行时，禁止同向右转车辆通行，信号灯放行方式如图 2-62 所示。

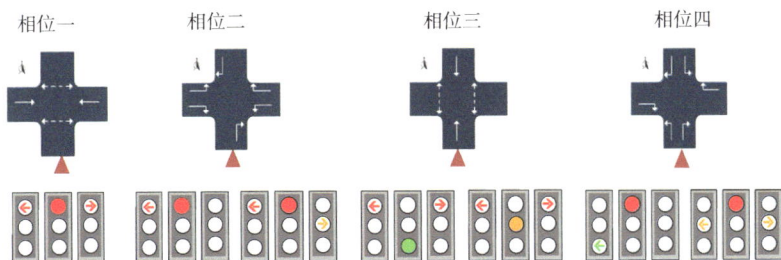

相位一　　　　相位二　　　　相位三　　　　相位四

图 2-62　本方向直行时右转红灯控制示例

（6）出口车道数少于上游各进口道同一信号相位流入的进口车道数时，应进行右转控制。信号控制相位及可采用的信号灯组合形式如图 2-63 所示。

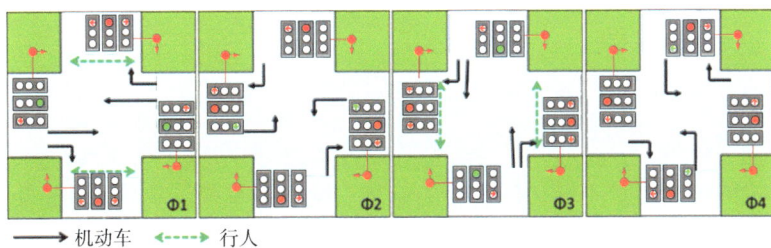

→ 机动车　　　⇢ 行人

图 2-63　十字路口右转控制时的四相位示例

（7）路侧设有有轨电车车道或其他特殊通行车道时，右转机动车与有轨电车等存在冲突，应在直行放行时禁止右转车辆通行。

2.5.7　行人过街控制

通常情况下，信号控制路口的行人与直行机动车同时放行。

（1）当道路设有中央分隔带或安全岛时，宜采用行人二次过街方式。

（2）在行人流量较大而机动车流量和速度较小的路口，可设置专供行人通行的行人专用相位。

（3）路口放行顺序为先直行后左转，当行人过街流量较大时，在确保行人通行安全的情况下，可提前启亮人行横道信号灯绿灯，增加行人通行时间。

2.5.8　特殊相位放行方式

在信号相位设计中，针对不同的交通流特性，可采用特殊的相位放行方式，如单口放行、公交优先、搭接相位、迟启早断、行人过街等。

（1）当路口各进口流量流向不均衡时，可采用各进口单独放行的方式。此放行方式下，机动车与左转非机动车的交通冲突较严重，宜采用非机动车二次过街的方式。

（2）采用公交优先控制的路口，为便于公交车不停车快速通过路口，可采用插入相位的控制方式。

（3）在常规四相位放行时，若同一相位的交通流不对称，可设置搭接相位。

（4）对于部分路段行人过街，可设置按钮式人行横道信号灯。当行人按钮被触发后，按预设方案执行行人过街相位。

2.6　信号配时基本要求

2.6.1　信号配时基本流程

1. 单点信号配时流程

在单点信号控制时，一般遵循以下流程：

（1）控制时段划分

不同时段的交通流量不同，所需要的信号控制周期及绿灯放行时间也不同。因此，应根据流量对路口控制时段进行精细化划分，提高路口的整体通行效率。

（2）信号相位设计

根据路口交通特点，确定左转、直行、行人过街等控制需求。在相位设置时，尽量减少交通流冲突，同时考虑非机动车及行人过街。在部分有条件的路口，可以考虑搭接相位设置、行人绿灯"早启"、机动车信号灯"早断"等特殊相位控制。

（3）周期及相位时间确定

在对现状配时进行优化时，可根据路口空放或排队情况对绿灯时间进行调整。同时，需注意信号周期的限值，一般情况下高峰时段不宜超过160s，平峰时段不宜超过130s，特殊情况下高峰时段不宜超过180s。

2. 协调控制配时流程

在进行协调控制时，一般遵循以下流程：

（1）划分控制子区

根据路口间距、交通流运行特征、路口渠化等情况将道路划分为不同的控制子区，一般一个控制子区包含3～5个路口。

（2）测算相位差

实地驾车，跟随交通流通过路口，记录的通过上一路口停止线至本路口停止线的时间，即为相位差。如遇有排队车辆，需对相位差进行修正。

（3）确定关键路口

根据子区内路口的道路交通特征，优化各路口的信号周期，一般选择优化后周期最大的路口为关键路口。

（4）确定公共周期

将关键路口的最优周期作为公共周期，但不宜过长。另外，协调控制应保证一定的绿波带宽。

（5）调整其他路口周期

调整其他路口周期至公共周期，部分小路口可根据情况将信号周期设置为公共周期的一半，或采用大小周期，以缩短行人过街等待时间。

2.6.2 信号控制时段划分

1. 时段划分方法

信号控制时段应参照工作日、周末及节假日的交通流量情况进行确定。根据路口全天24小时的交通流量，确定早晚高峰、平峰、夜间低谷以及可能存在的午高峰等情况。对于交通吸引量较大的医院、学校周边等特殊建筑或单位周边路口，可根据具体流量情况适当调整时段划分情况。

以某城市的3个具有代表性的路口为例，对其控制时段进行划分。

（1）工作日时段划分

根据周一到周五的15min道路交通流量数据的折线图，如图2-64所示，对全天24小时进行时段划分。

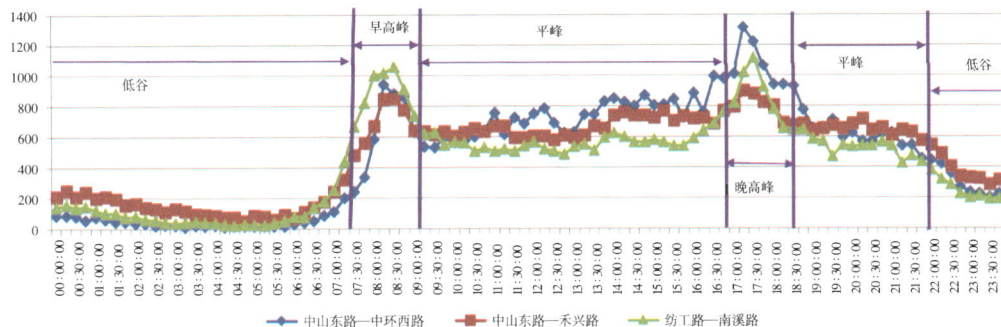

图2-64 路口工作日15min交通流量折线图

根据流量特点可知，工作日存在明显的早晚高峰，中午未出现高峰，夜间流量较低。因控制方案变换过程需持续10~15min，划分时段时，应保证时段持续时间在30min

以上。时段划分结果如表2-4所示。

路口工作日时段划分结果 表2-4

序号	时段名称	时段
1	午夜低谷	0:00 ~ 07:30
2	早高峰	07:30 ~ 09:00
3	日间平峰	09:00 ~ 17:00
4	晚高峰	17:00 ~ 18:30
5	夜间平峰	18:30 ~ 22:00
6	夜间低谷	22:00 ~ 24:00

（2）周末时段划分

将某市纺工路—南溪路路口周末15min流量折线图与工作日情况进行对比，如图2-65所示，周末日间的交通流量并未出现高峰，与工作日平峰时段相当。

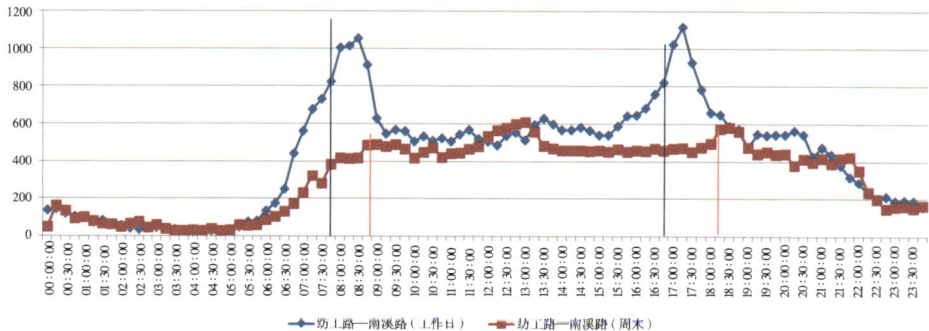

图2-65 路口工作日及周末15min交通流量折线图

周末的时段划分结果如表2-5所示。

纺工路—南溪路路口周末的时段划分结果 表2-5

序号	时段名称	时段
1	午夜低谷	0:00 ~ 07:30
2	平峰	07:30 ~ 22:00
3	夜间低谷	22:00 ~ 24:00

（3）商业区周末时段划分

将某市商业区的中山东路—禾兴路路口周末 15min 交通流量折线图（图 2-66）与工作日情况进行对比，07:45 ~ 08:45 的交通流量与工作日平峰时段相当，08:45 ~ 20:30 的交通流量比工作日平峰时段略高、比高峰时段略低。

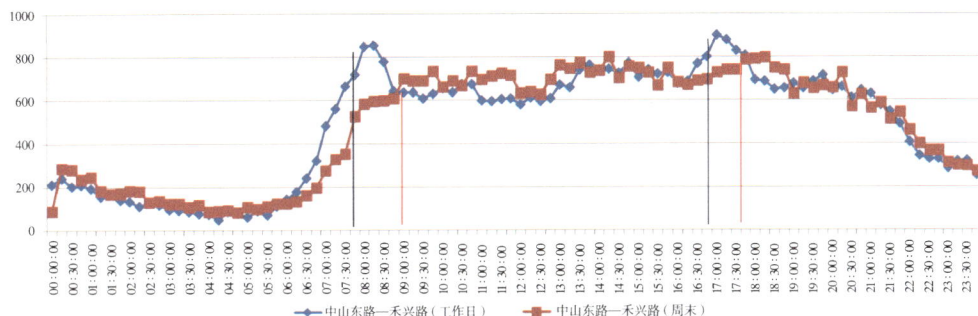

图 2-66　路口工作日及周末 15min 交通流量折线图

中山东路—禾兴路路口周末的时段划分结果如表 2-6 所示。

中山东路—禾兴路周末的时段划分结果　　　　　表 2-6

序号	时段名称	时段
1	午夜低谷	0:00 ~ 07:45
2	早间过渡	07:45 ~ 08:45
3	日间	08:45 ~ 20:30
4	夜间平峰	20:30 ~ 22:00
5	夜间低谷	22:00 ~ 24:00

2. 系统时段设置

信号机对相位差调整时，一般需要 3 ~ 5 个周期调整到位，1 ~ 2 个周期消散调整过程中产生的影响。一般建议方案的执行时间在高峰来临前 10 ~ 15min，确保高峰来临时，正在执行高峰信号控制方案。

2.6.3　信号周期设置要求

通常情况下，信号周期的计算可选用 TRRL（韦伯斯特法）、ARRB 法或 HCM 法等，也可采用经验值来设置初始信号周期，根据交通运行情况进行调整优化。单点控制的城市道路路口的信号控制周期，一般夜间低谷期应保证行人过街最短时间即最小绿灯时间，可选择在 50 ~ 90s 范围内，部分流量较小的路口可考虑采用黄闪信号控制；平峰一般在 60 ~ 130s 范围内，部分高峰期饱和度较大的路口的信号周期选择在 150 ~ 160s 范围内，极端情况下不应超过 180s。采用单点信号控制方式时，不同时段不同类型路口的周期建议值如表 2-7 和表 2-8 所示。

平峰期城市道路交叉口信号控制周期建议值（单位：s）　　　表 2-7

相交道路等级	支路	次干路	主干路
支路	50 ~ 70	—	—
次干路	60 ~ 80	70 ~ 90	—
主干路	80 ~ 100	90 ~ 110	100 ~ 130

高峰期城市道路交叉口信号控制周期建议值（单位：s）　　　表 2-8

相交道路等级	支路	次干路	主干路
支路	60 ~ 80	—	—
次干路	80 ~ 110	90 ~ 120	—
主干路	90 ~ 120	100 ~ 130	130 ~ 160

【案例 2-16】某十字路口现状晚高峰周期为 215s，平峰时段周期为 212s，西进口和南进口排队过长（见图 2-67 和表 2-9）。

（a）　　　　　　　　　　　　　　　　　　（b）

图 2-67　某路口现状示例

（a）西进口；（b）南进口

某十字路口现状信号配时方案（单位：s）　　　　表2-9

| 周期 | 相位1 | | | 相位2 | | | 相位3 | | | 相位4 | | |
| | 西口放行 | | | 东口放行 | | | 南北左转 | | | 南北直行 | | |
	绿	黄	全红	绿	黄	全红	绿	黄	全红	绿	黄	全红
0:00 ~ 7:00	111	28	3	0	23	3	0	23	3	0	25	3	0
7:00 ~ 8:40	212	50	3	0	55	3	0	35	3	0	60	3	0
8:40 ~ 17:00	212	50	3	0	55	3	0	35	3	0	60	3	0
17:00 ~ 19:30	215	55	3	0	55	3	0	38	3	0	55	3	0
19:30 ~ 23:00	145	35	3	0	35	3	0	25	3	0	38	3	0
23:00 ~ 24:00	111	28	3	0	23	3	0	23	3	0	25	3	0

【解析】现状信号放行周期设置过大，远远超过路口所需的信号周期，造成路口车辆排队过长。建议根据流量优化信号周期，结合非机动车及行人过街的实际情况，将高峰及平峰周期分别调整为160s、125s。

2.6.4　最小绿灯时间

信号控制的最小绿灯时间通常要考虑行人过街时间。建议行人平均步行速度取1.2m/s。

一般四相位放行路口，人行横道信号灯的绿灯跟随本方向的直行机动车绿灯同时启亮。在横断面较宽的道路，可考虑提早开启人行横道信号灯。在本方向的机动车直行相位的前一个相位（相交方向的左转相位）执行的尾期，启亮人行横道信号灯，一般可比本方向机动车直行信号灯提前3~6s放行（见图2-68）。

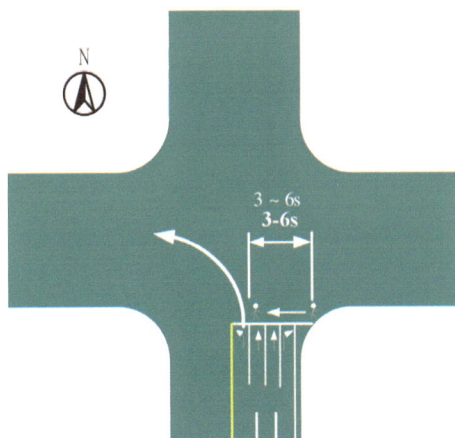

图2-68　行人过街信号灯绿灯提前启亮示例

【案例2-17】某市一个路口的东西方向人行横道长约30m，而人行横道绿灯时间仅为5s，无法满足行人过街的需要，如图2-69所示。

图2-69　人行横道绿灯时间严重不足问题案例（案例2-17）

【解析】《人行横道信号灯控制设置规范》GA/T 851—2009第5.2.1条规定，"绿灯总时长应保证红灯期间等待过街的全部行人安全过街所需的时间"。本案例中行人过街时间仅5s，时间严重不足。因此，建议按行人步速1.2m/s计算行人过街时间，优化行人过街的绿灯时间。

2.6.5　路口清空时间

路口清空时间一般是黄灯时间加全红时间。黄灯时间一般为3～5s，通常情况下取3s。全红时间通常要根据道路路口的大小、放行相位、交通流运行状态等因素综合确定。

（1）采用四相位放行时，如果路口施划了左弯待转区，相位先直行后左转放行，对向直行车辆与本方向左转车辆的冲突距离较短（见图2-70），宜在每个直行相位后设置1s(路段道路宽度在双向6车道及以下)或2s(路段道路宽度在双向8车道及以上)全红时间，视路口交通流放行情况可做相应调整。

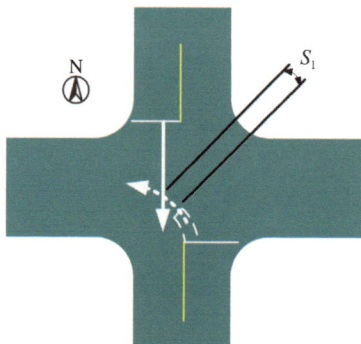

图2-70　有左弯待转区的冲突点间距离示例

（2）采用四相位放行时，如果路口未施划左弯待转区，左转车辆与相交方向的直行车辆的冲突点间的距离较短（见图2-71），宜在每个左转相位后设置1s（路段道路宽度在双向6车道及以下时）或2s（路段道路宽度在双向8车道及以上时）全红时间，视路口交通流放行情况可做相应调整。

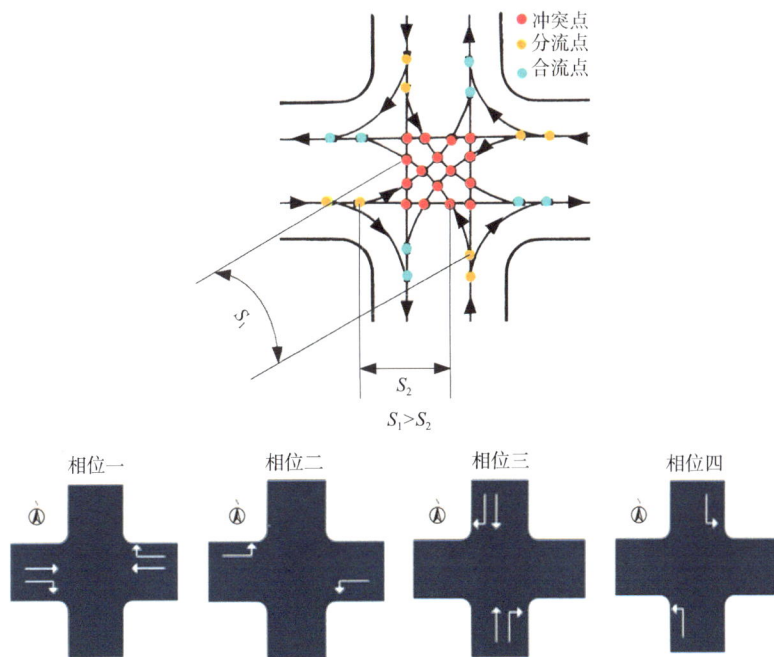

图 2-71 无左弯待转区冲突点间距离示例

注：S_1 为相位三转换为相位四时，可能的冲突点间的距离

S_2 为相位四转换为相位一时，可能的冲突点间的距离

（3）采用两相位控制时，建议在每一相位结束后设置1s（路段车道数在双向4车道以下时）或2s（路段车道数在双向4车道及以上时）全红时间，视左转车流消散时间而定（见图2-72）。

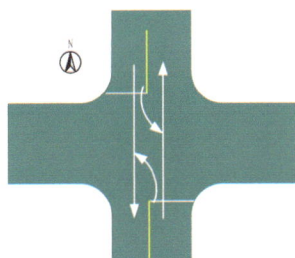

图 2-72 两相位控制时冲突点间距离示例

2.7 与交通管理措施协调设置

2.7.1 信号灯与禁行措施的配合

当路口禁止机动车左转时，一般应同时设置常规组合 1 和非机动车左转信号灯，并在路口对应进口道设置禁止左转标志，如图 2-73 所示。直行的非机动车按照机动车信号灯指示通行，左转的非机动车按照左转非机动车信号灯指示通行；如果路口行人和非机动车较多需要控制右转机动车流，可设置特殊组合 1 和非机动车左转信号灯。

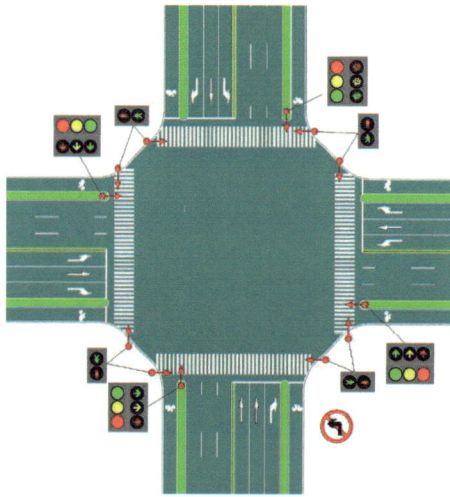

图 2-73 禁左路口信号灯设置示例

【案例 2-18】部分城市在路口采用左转方向指示信号灯"常红"的方式表示路口禁止左转，如图 2-74 所示。

| (a) | (b) |

图 2-74 左转信号灯"常红"表示路口禁左问题案例（案例 2-18）

【解析】《道路交通信号灯设置与安装规范》GB 14886—2016 第 4.3.3 条规定，"b）方向指示信号灯：红灯→绿灯→黄灯→红灯，或红灯→所有灯熄灭→黄灯→红灯"，明确不允许方向指示信号灯保持"常红"的状态，方向指示信号灯红灯仅表示持续一段时间内禁止车辆通行。该案例中，路口在已经设置禁止左转标志的情况下，左转方向指示信号红灯还启亮，容易让驾驶人误以为路口允许左转，而在路口盲目等待。因此，应当关闭左转方向指示信号灯，或将左转方向指示信号灯切换为机动车信号灯，如图 2-75 所示。

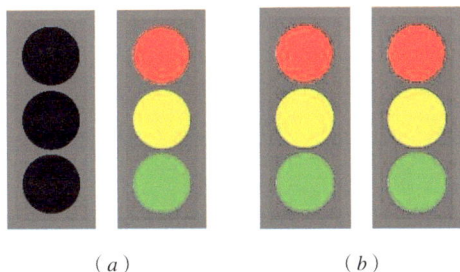

图 2-75 左转方向指示信号灯关闭或切换为机动车信号灯示例
（a）左转方向指示信号灯关闭；（b）切换为机动车信号灯

【案例 2-19】某城市自创"禁止左转"、"禁止掉头"信号灯，替代相应的禁令标志，如图 2-76 所示。

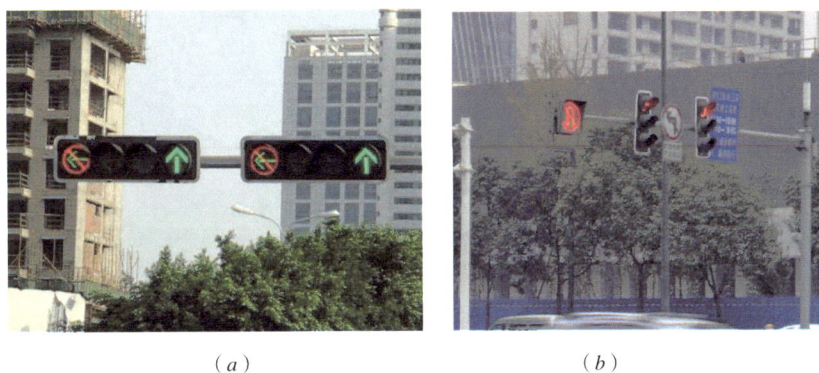

图 2-76 自创"禁令"图案的信号灯问题案例（案例 2-19）
（a）禁左图案；（b）禁止掉头图案

【解析】《道路交通安全法》第二十六条规定，"交通信号灯由红灯、绿灯、黄灯组成。红灯表示禁止通行，绿灯表示准许通行，黄灯表示警示"。《道路交通信号灯》

GB 14887—2011 对信号灯的基本单元构成、形状和图案均进行了明确的规定。如果作为可变信息标志，应当符合《道路交通标志和标线 第 2 部分：道路交通标志》GB 5768.2—2009 第 3.17 条规定，可变信息的"禁令标志"应当是黑色底色，红色边框，黄色图形、符号或文字。

因此，建议图 2-76（a）中拆除非标准的禁止左转信号灯，更换为机动车信号灯，如果需要禁止左转控制，应配套设置禁止左转标志；图 2-76（b）中拆除非标准的禁止掉头信号灯，并配套设置禁止掉头标志。如果有时段要求，可以在禁令标志下方增设辅助标志，说明禁止左转或掉头的时间。

2.7.2　信号灯与让行措施配合

在设置有信号灯的路口一般不设置停车让行标志，但当路口的信号灯非 24 小时运行时，应在次要道路上同时设置停车让行标志，停车让行标志的设置方法应参照《道路交通标志和标线 第 2 部分：道路交通标志》GB 5768.2—2009。在这种情况下，路口信号灯运行期间应遵守信号灯指示通行，当路口信号灯关闭或采用黄闪控制时，应遵守停车让行标志。如国外一些城市为防止在信号灯故障（如停电）期间发生交通事故，在支路上同时设置停车让行标志，在信号灯出故障时，支路车辆可遵守停车让行标志，如图 2-77 所示。

图 2-77　信号灯与让行标志配合使用示例（澳大利亚）

2.7.3　单向交通路口的信号灯设置

当路段设置为机动车单向通行、非机动车双向通行时，一般应设置常规组合 1 和非机动车信号灯，同时应在路口相应位置配套设置单行路标志和禁止机动车通行标志。图 2-78 中，路口南北进口为机动车由南向北单行，但允许非机动车双向通行，因此，南进口应设置常规组合 1，用于指导南进口的机动车和非机动车通行，北进口应设置非机动车信号灯，指导非机动车通行；如果路口行人和非机动车较多需要控制右转机动车流，南进口可设置特殊组合 1。

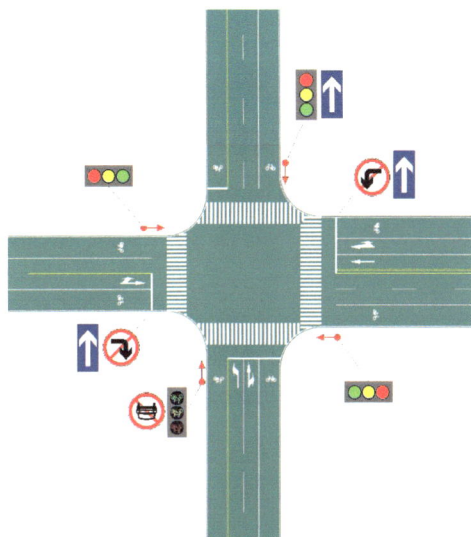

图 2-78 单向交通组织路口信号灯设置示例

2.7.4 潮汐车道信号灯设置

当道路设置潮汐车道时，应当配套设置车道信号灯，引导机动车驶入或驶离潮汐车道。车道信号灯一般采用门架式安装在所控制道路的正上方，来车方向与驶离方向均应设置车道信号灯，如图 2-79 所示。同时，必须保证潮汐车道信号灯与路口设置的机动车信号灯和方向指示信号灯保持适当的距离，避免造成驾驶人的误解。

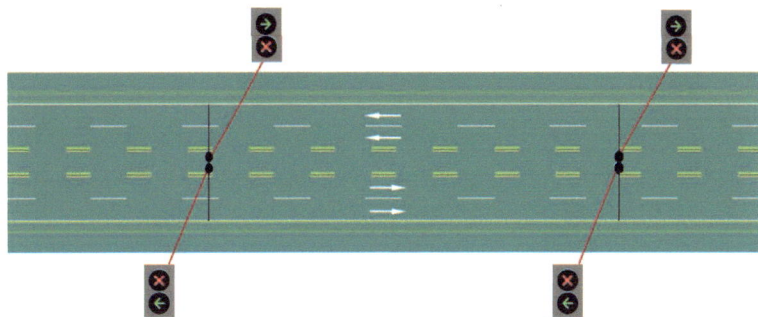

图 2-79 潮汐车道信号灯设置示例

【案例 2-20】部分城市在潮汐车道上方设置车道行驶方向标志指示潮汐车道的通行方向，如图 2-80 所示。

图 2-80　潮汐车道设置车道行驶方向标志问题案例（案例 2-20）

【解析】《道路交通信号灯设置与安装规范》GB 14886—2016 第 5.2.2 条规定，"在隧道、收费站、潮汐车道以及需要对车道进行控制的路段，应设置车道信号灯"，明确潮汐车道应配套设置车道信号灯。该案例中潮汐车道上方仅设置车道行驶方向标志用于指示潮汐车道的通行方向，应当增设车道信号灯，并且在来车方向和驶离方向同时设置。

【案例 2-21】某城市在潮汐车道设置的车道信号灯与路口机动车信号灯和方向指示信号灯距离过近，如图 2-81 所示。

图 2-81　潮汐车道信号灯距离过近问题案例（案例 2-21）

【解析】《道路交通信号灯设置与安装规范》GB 14886—2016 第 7.4.4.2 条规定，"在潮汐车道上设置的车道信号灯位置应与其他信号灯保持适当的距离，不影响其他信号灯的视认"。该案例中车道信号灯与机动车信号灯和方向指示信号灯距离过近，尤其是当车道信号灯亮绿灯时,驾驶人容易误以为路口可以通行而导致"闯红灯"的情况出现,存在较大的安全隐患。因此,应当将车道信号灯适当后移,同时在路口进口道处增设一组机动车信号灯辅助显示当前信号。

2.8　设置条件

《道路交通信号灯设置与安装规范》GB 14886—2016 第 5 章明确规定了路口、路段设置信号灯的条件,主要考虑相交道路类型、交通流量和交通事故等因素,如表 2-10 所示。

信号灯设置条件的考虑因素　　　　　　　　　　表 2-10

类型	设置条件
路口	1. 相交道路类型
	2. 交通流量条件 （1）机动车高峰小时流量; （2）任意连续 8h 的机动车小时流量
	3. 交通事故条件
	4. 路口综合条件 （1）交通流量、交通事故条件中有两个或以上达到80%; （2）不具备流量及事故条件,但有特别要求的路口
路段	1. 交通流量条件 （1）机动车和行人高峰小时流量; （2）机动车和行人任意连续 8h 小时流量
	2. 交通事故条件

可根据以下流程判断路口是否需要设置交通信号灯。

1. 规划道路

应根据相交道路的道路类型,判断路口是否应当设置信号灯（见表 2-11）。对于城市道路来说,主干路与主干路、次干路相交,次干路与次干路相交时,一般应设置信号灯进行交通信号控制;主干路、次干路与支路相交时,一般应设置交通标志、标线进行右进右出控制或让行控制等方式。但是,如果新建道路路口仅达到道路类型条件,而不满足交通流量条件时,设置的交通信号灯可以不开启。

规划道路路口信号灯设置 表2-11

交叉口类型	交叉口形式	信号灯
主干路—主干路	平面交叉	设置
主干路—次干路	平面交叉	设置
主干路—支路	平面交叉	不设置
次干路—次干路	平面交叉	设置
次干路—支路	平面交叉	不设置
支路—支路	平面交叉	不设置

2. 已建道路

（1）应根据相交道路的道路类型，判断路口是否应当设置信号灯，判断方法同上。

（2）当相交道路类型不满足设置条件，可根据机动车高峰小时流量、任意连续8h的机动车小时流量、交通事故情况来判断是否应当设置信号灯，具体交通流量和交通事故值详见《道路交通信号灯设置与安装规范》GB 14886—2016第5.1.2条、第5.1.3条。

（3）不具备上述条件的路口，但在交通信号控制系统协调控制范围内，或因行人和非机动车通行易造成路口拥堵或交通事故时，也可以设置信号灯。

【案例2-22】某城市的航空港区、高铁站区和工业开发区的路口和路段，并未达到设置条件，但仍启亮了信号灯，导致路口通行效率降低，如图2-82所示。

图2-82 未达设置信号灯条件但启亮信号灯问题案例（案例2-22）

【解析】《道路交通信号灯设置与安装规范》GB 14886—2016第5.1.2条规定了路口设置信号灯的交通流量条件，包括高峰小时流量或连续8h的机动车小时流量条件。新建和改建道路的交通信号灯应与道路同步进行设计、施工和验收，但如果道路未达到信号灯的设置条件，信号灯可以不启亮。该案例中路口未达到信号灯的设置条件，但启亮了信号灯，并采用固定配时方式导致路口的通行效率较低，因此，建议新建道路在不满足设置条件的情况下，可以先关闭信号灯，如果需要警示车辆和行人注意瞭望，在确保安全的情况下通行，信号灯可采用"黄闪控制"方式。

2.9 安装基本要求

2.9.1 信号灯安装的数量

信号灯组的设置数量应当在合理的范围内，如果信号灯组设置数量过少会影响驾驶人辨识，存在交通事故隐患；如果信号灯组设置数量过多，则会导致路口信息量过载，造成资源浪费。

1. 增设信号灯组

信号灯组合中某组信号灯需要指示的进口道车道数很多，信号灯不能完全覆盖所指示车道的停止线开始至停止线后 50m 之间范围时，需要增加 1 组或多组信号灯。信号灯的种类不同，其覆盖的角度也有所不同：

（1）无图案的宽角度信号灯。若信号灯基准轴左右各 10° 范围内不能覆盖所指示车道的停止线开始至停止线后 50m 之间时，需要增设 1 组信号灯，如图 2-83 和图 2-84 所示，其中，无图案的信号灯是指机动车信号灯和闪光警告信号灯。

图 2-83 信号灯组不能覆盖所指示车道示例   图 2-84 信号灯组中增加 1 组信号灯示例

（2）无图案的窄角度信号灯。若信号灯的基准轴左右各 5° 范围内不能覆盖所指示车道的停止线开始至停止线后 50m 之间时，需要增设 1 组信号灯。

（3）图案指示信号灯。若信号灯的基准轴左右各 10° 范围内不能覆盖所指示车道的停止线开始至停止线后 50m 之间时，需要增设 1 组信号灯，其中有图案的指示信号灯是指方向指示信号灯和掉头信号灯。

（4）当路口某个方向进口道设置多个相同方向的车道，并且相同方向的车道不相邻时，可以考虑增设 1 组或多组该方向的信号灯。这种情况在城市快速路出口匝道与地面道路连接时比较常见，为减少出口匝道左转车辆与原平交路口直行车辆的冲突，直行车道左右两侧同时设置左转车道，此时可在信号灯组合基础上增加设置 1 组左转方向指示信号灯，如图 2-85 所示。

（5）在路段人行横道采用信号控制时，如果停止线距离较近，前面车辆驾驶人观察信号灯比较困难，这时可以在信号灯灯杆立柱上附着设置 1 组信号灯，用于辅助显示当前信号，如图 2-86 所示。

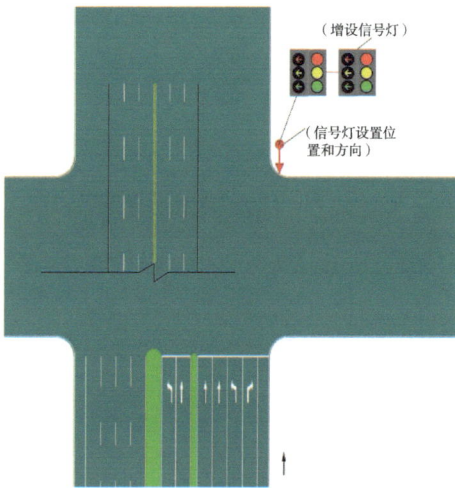

图 2-85　某相同行进方向的车道设置多个且不相邻时增设信号灯示例

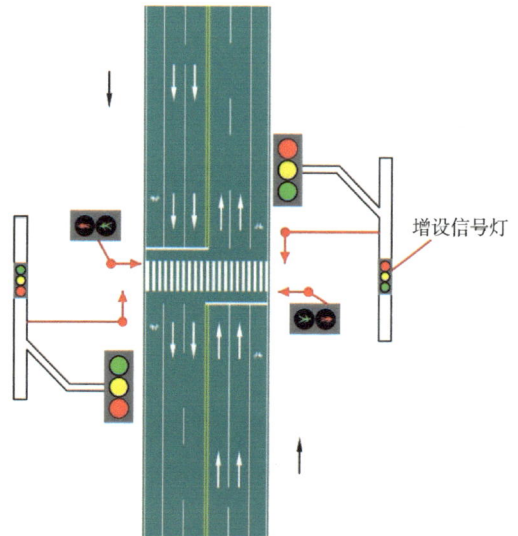

图 2-86　机动车信号灯附着设置示例

2. 增设信号灯

当增加信号灯组数量已经无法满足信号灯的覆盖范围时，应考虑增加 1～3 个信号灯组合。增设信号灯组合的数量主要根据路口进口道路段的车道数量、路段限速值和进口道停止线与信号灯之间的距离来确定。

（1）仅增设 1 个信号灯组合

当路口的进口道路段满足下列条件时，应当考虑增加 1 个信号灯组合，以保证信号灯组的视认范围。

1）当路口进口道对应的路段为双向两车道道路，并且信号灯采用柱式安装时，应当在路口出口两侧人行道上各安装 1 个信号灯组合；

2）当路口进口道对应的路段为双向四车道道路，并且大型车辆较多，信号灯易被遮挡时，可考虑在适当位置增加设置 1 个信号灯组合；

3）当路口进口道对应的路段为双向六车道及以上道路时，应当在适当的位置增加设置 1 个信号灯组合。

（2）增设 2 ~ 3 个信号灯组合

当路口进口道的路段限速值及进口道停止线与信号灯的距离满足下列条件时，应当再增加 2 ~ 3 个信号灯组合。

1）当路口进口道路段的限速在 60km/h 以上时，应当至少增加设置 2 个信号灯组合，若仍不能保证信号灯的视认范围，可以考虑增设 3 个信号灯组合；

2）当路口进口道停止线与信号灯的距离大于 50m 时，应当至少增加设置 2 个信号灯组合，若仍不能保证信号灯的视认范围，可考虑增设 3 个信号灯组合，如图 2-87 所示。

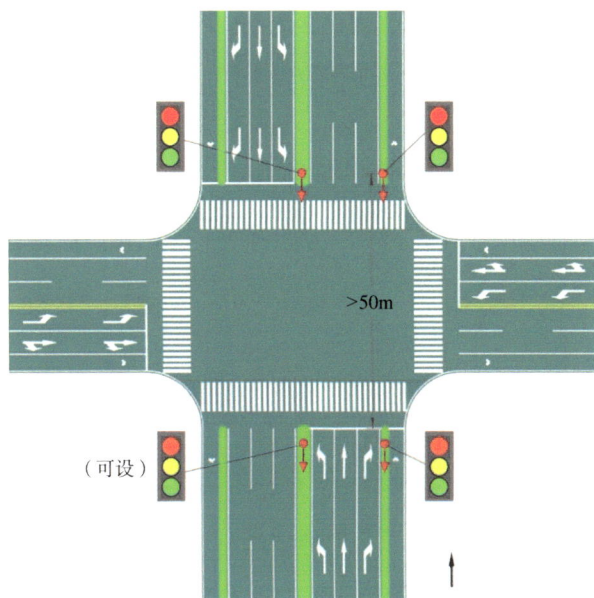

图 2-87　进口道停止线与信号灯的距离示例

（3）当立交桥下路口或者较大的平面路口设置有左弯待转区时，如果进入左弯待转区的车辆不容易观察到左转方向指示信号灯，可以考虑增设 1 个信号灯组合或者单独的 1 组左转方向指示信号灯（见图 2-88）。

（4）当路口左转车道位于同向直行车道右侧（即左转右置）时，可考虑在信号灯灯杆立柱上增设 1 组左转方向指示信号灯，以保证左转方向指示信号灯的视认范围，确保左转车辆驾驶人可以清晰视认到当前左转信号，如图 2-89 所示。

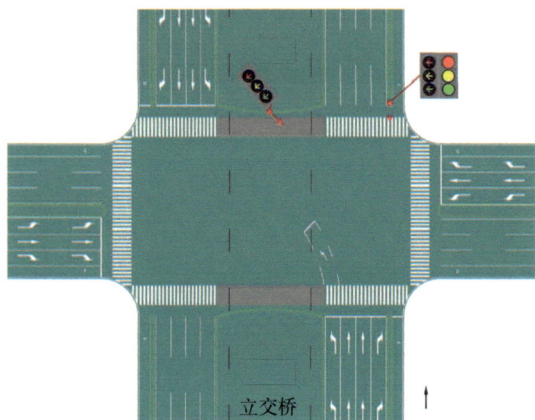

图 2-88　左弯待行区增设方向指示信号灯示例

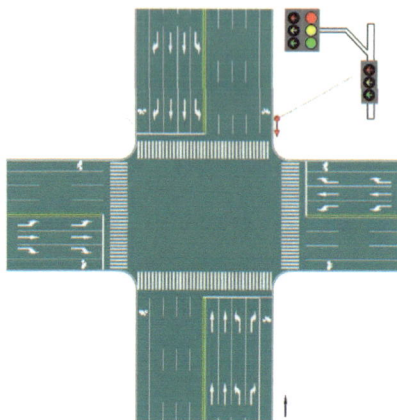

图 2-89　"左转右置"增设左转方向
指示信号灯示例

（5）当立交桥下的路口设置有二次停止线时，应该在立交桥的另一侧增设 1 个信号灯组合，指引二次停车的机动车通行，如图 2-90 所示。

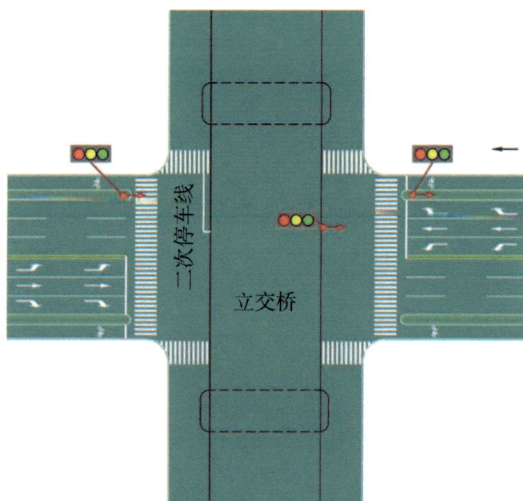

图 2-90　立交桥下道路设置信号灯示例

【案例 2-23】部分城市安装的直行方向指示信号灯数量过多，如图 2-91 所示。

图2-91 直行方向指示信号灯数量过多问题案例（案例2-23）

【解析】《道路交通信号灯设置与安装规范》GB 14886—2016 第7.3.1条规定，安装在出口处的信号灯组合中某组信号灯指示车道较多，所指示车道从停止线至停止线后50m不在以下3种范围以内的，应相应增加1组或多组信号灯：①无图案宽角度信号灯基准轴左右各10°；②无图案窄角度信号灯基准轴左右各5°；③图案指示信号灯基准轴左右各10°。明确信号灯组的设置数量应该根据灯组的信号覆盖范围确定。该案例中把直行方向指示信号灯当作车道信号灯使用，每个车道对应1组信号灯，导致信息量过载，使驾驶人不易辨识。因此，应当适当拆除多余信号灯。

【案例2-24】某城市在双向十车道的路口仅设置1组交通信号灯，并采用柱式安装方式，如图2-92所示。

图2-92 信号灯组设置数量过少问题案例（案例2-24）

【解析】《道路交通信号灯设置与安装规范》GB 14886—2016 第7.3.4条规定，"停止线与信号灯的距离大于50m或道路路段双向四车道及以上时，宜增设信号灯组合；其中路段双向六车道及以上时，应增设至少1个信号灯组合"，明确当路段为双向六车道及以上道路时，路口应至少再增设1个信号灯组合。该案例中，道路路段为双向十车道，仅在对向出口处设置了1组信号灯，并采用柱式安装方式，当进口道有大车排队等待时，小汽车驾驶人的视线很容易被大车遮挡，导致无法看清楚当前信号灯的状态，发生"闯红灯"的情况，存在严重的交通隐患。因此，建议将已设置的信号灯改为悬臂式安装方式，并且在中央隔离带处增设1个信号灯组合。

2.9.2 信号灯安装的位置

当信号灯采用悬臂式安装或者柱式安装方式时，信号灯可以安装在路口出口左侧、出口上方、出口右侧、进口左侧、进口上方和进口右侧位置。但如果只需要设置1个信号灯组合时，必须安装在路口的出口处，通常为出口道右侧位置。

1. 无机非分隔带路口

（1）对于无机非分隔带和中央分隔带的路口，如果仅设置1个信号灯组合时，应安装在出口路缘切点附近，如图2-93所示1号位置；如果道路较宽需要增设1个信号灯组合，应当安装在对向进口道右侧人行道上，如图2-93所示2号位置；如果根据路口情况需要增设2~3个信号灯组合，应当分别安装在进口道右侧或左侧，如图2-93所示3、4号位置。

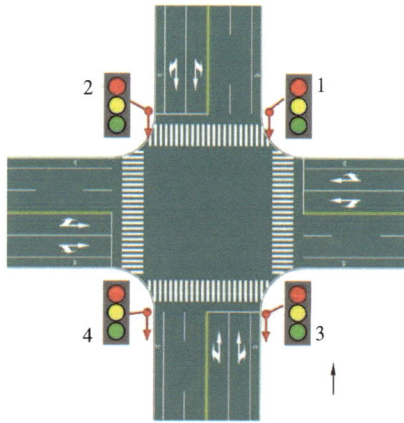

图2-93 无机非分隔带和中央分隔带路口信号灯设置示例

（2）对于设置有中央分隔带的路口，如果仅设置1个信号灯组合时，应安装在出口路缘切点附近，如图2-94所示1号位置；如果道路较宽，需要增设1个信号灯组合时，应当安装在对向中央分隔带上，如图2-94所示2号位置；如果根据路口情况需要增设2~3个信号灯组合时，应当安装在进口道右侧或本方向中央分隔带处，如图2-94所示3、4号位置。

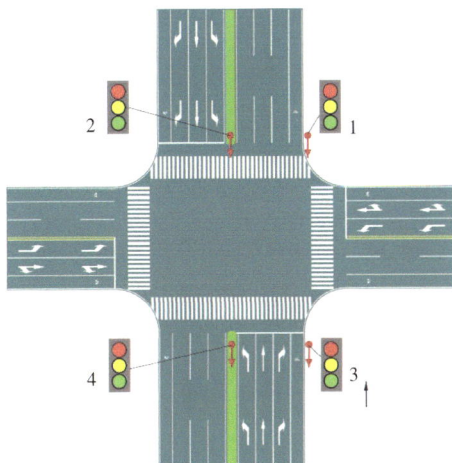

图 2-94　仅设置中央分隔带路口信号灯设置示例

2. 有机非分隔带路口

（1）对于仅设置机非分隔带的路口，如果设置 1 个信号灯组合时，一般应该设置在出口机非隔离带缘头切点向后 2m 以内，如图 2-95 所示 1 号位置，如果机非隔离带宽度较窄，也可以设置在道路右侧的人行道上；如果道路较宽需要增设 1 个信号灯组合时，应当安装在对向进口道右侧的机非分隔带上，如图 2-95 所示 2 号位置；如果根据路口情况需要增设 2～3 个信号灯组合时，应当安装在进口道右侧或左侧机非分隔带上，如图 2-95 所示 3、4 号位置。

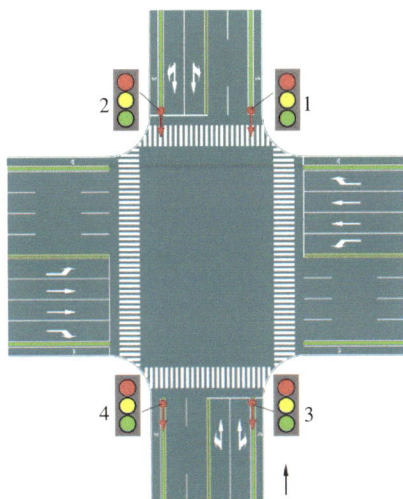

图 2-95　仅设置机非分隔带路口信号灯设置示例

（2）对于同时设置机非分隔带和中央分隔带的路口，如果设置一个信号灯组合时，一般应该设置在出口机非隔离带缘头切点向后 2m 以内，如图 2-96 所示 1 号位置，如果机非隔离带宽度较窄，也可以设置在道路右侧的人行道上；如果道路较宽需要增设 1个信号灯组合时，应当安装在对向中央分隔带上，如图 2-96 所示 2 号位置；如果根据路口情况需要增设 2～3 个信号灯组合时，应当安装在进口道右侧机非分隔带或左侧中央分隔带上，如图 2-96 所示 3、4 号位置。

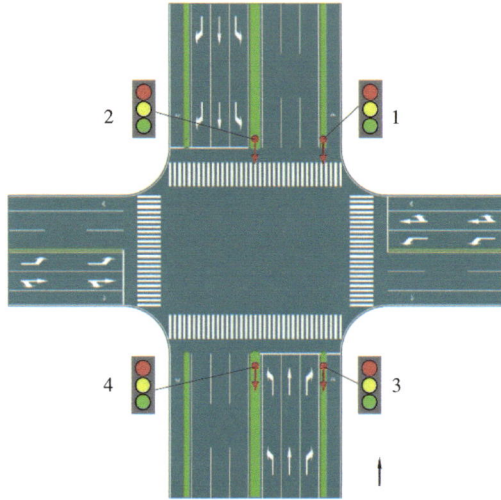

图 2-96　同时设置机非分隔带和中央分隔带的路口信号灯设置示例

3.T 形路口

T 形路口垂直方向的信号灯应当设置在进口道正对路缘后 2m 以内，如图 2-97 所示，其他方向设置的信号灯可以参考十字路口的设置方法。

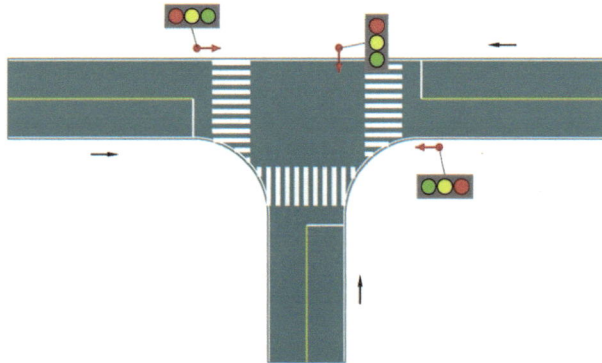

图 2-97　T 形路口信号灯设置示例

4. 环形路口

环形路口设置信号灯控制进出环岛的车辆时，在环岛内部设置的信号灯用于控制进入环岛的车辆,信号灯的设置数量应根据环形路口的进口数确定;环岛外层设置的信号灯,用于控制驶出环形路口的车辆,信号灯的设置数量根据需要控制的出口数确定。

通常情况下,对于四路交叉的环形路口来说,在环岛内、环岛外层分别设置 4 个信号灯,具体设置位置如图 2-98 所示。

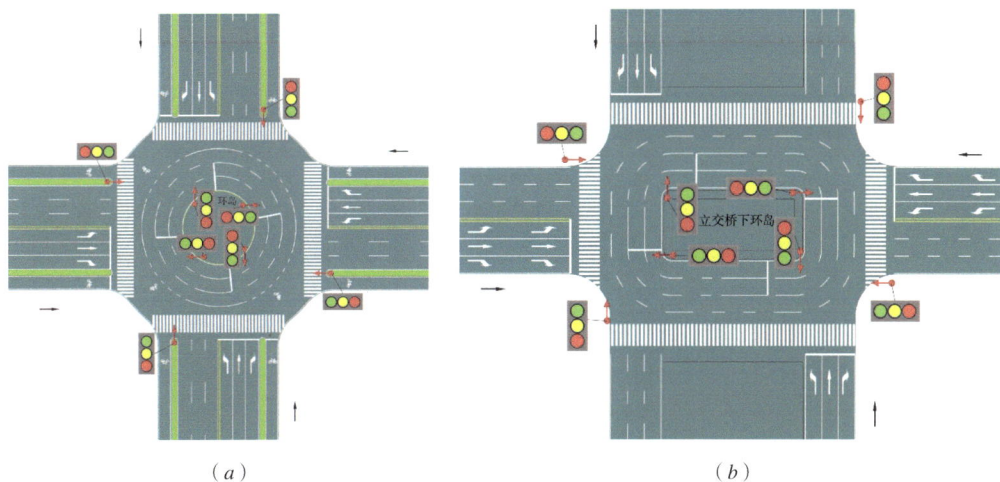

（a）　　　　　　　　　　　　　　（b）

图 2-98　环形路口信号灯设置示例

（a）一般环形路口,（b）立交桥下环形路口

5. 设置导流岛路口

在设置有导流岛的路口,信号灯灯杆可以设置在导流岛上。如果右转车辆与行人或非机动车冲突较大,可考虑在导流岛上增设控制右转方向的机动车信号灯,但不能影响其他方向的视认,如图 2-99 所示。

图 2-99　设置导流岛路口的信号灯设置示例

【**案例 2-25**】路口仅在对向进口道处设置 1 个信号灯组合，如图 2-100 所示。

图 2-100　信号灯设置位置不正确问题案例（案例 2-25）

【**解析**】《道路交通信号灯设置与安装规范》GB 14886—2016 第 7.1.3 条规定，"若只安装一个信号灯组合，应安装在出口处"。该案例中，路口车行方向仅设置了 1 个信号灯组合，且设置在对向进口道处，不利于驾驶人及时发现交通信号灯，因此，应当在路口出口处增设 1 个信号灯组合。

【**案例 2-26**】四路交叉的环形路口仅在环岛外层设置信号灯，如图 2-101 所示。

图 2-101　环形路口信号灯设置位置不正确问题案例（案例 2-26）

【**解析**】《道路交通信号灯设置与安装规范》GB 14886—2016 第 7.4.1.5 条规定，"环形路口设置信号灯对进出环岛的车辆进行控制，在环岛内设置 4 个信号灯组合分别指示进入环岛的机动车，在环岛外层设置 4 个信号灯组合分别指示出环岛的机动车"。该案例仅在环岛外层设置了信号灯，没有控制进入环岛的车辆，如果车辆在环岛内排队等候驶出环岛，排队的车辆将会严重影响环岛内的正常通行，导致发生交通拥堵，因此，建议在环岛内增设 4 个信号灯组合，优先控制进入环岛的车辆。

【**案例 2-27**】某城市设置的信号灯位置与停止线距离过远，如图 2-102 所示。

图 2-102 信号灯设置位置与停止线距离过远问题案例（案例 2-27）

【解析】《道路交通信号灯设置与安装规范》GB 14886—2016 第 7.4.1.2 条第 3 款规定，"当停止线与信号灯的距离较远或路段限速 60km/h 以上时，可根据实际需要，在进口道右侧隔离带内增设一个信号灯组合；必要时可在对向出口道右侧隔离带或中央隔离带内再增设一个信号灯组合"。该案例中信号灯设置位置与停止线距离很远，驾驶人难以视认信号灯灯色显示状态，根据标准要求，应当在对向进口道右侧及本方向的进口道右侧机非分隔带处分别增设 1 个信号灯组合。

2.9.3 信号灯安装的高度

信号灯的安装高度是指信号灯的最低点即信号灯灯头下沿至地面的垂直距离。信号灯的安装高度随着信号灯类型和安装方式的不同而有所区别，为了保证道路净空并防止信号灯距离地面太高不便于视认，信号灯的安装高度应该在合理的范围内，各类交通信号灯的设置如表 2-12 所示。

信号灯的安装高度   表 2-12

信号灯类型	安装形式	安装高度
机动车信号灯 方向指示信号灯 闪光警告信号灯	悬臂式	5.5～7m
	柱式或安装于信号灯杆立柱上	不应低于 3m
	净空小于 6m 的立交桥	不得低于桥底净空
	信号灯在信号灯杆上附着设置并且安装高度低于 2m 时，信号灯壳体不得有尖锐突出物	
非机动车信号灯	悬臂式安装	5.5～7m
	柱式或安装在信号灯杆立柱上	2.5～3m
人行横道信号灯	柱式	2～2.5m（强制性条款）
车道信号灯	门架式	5.5～7m
	净空小于 6m 的立交桥	不得低于桥体净空

2.10 信号辅助装置使用

2.10.1 信号灯倒计时显示器

道路交通信号倒计时显示器是独立于道路交通信号灯，同步显示交通信号灯色剩余时间的装置，其外观、标识、文字尺寸、电气部件等应当符合《道路交通信号倒计时显示器》GA/T 508—2014。倒计时显示器显示的时间不是交通信号的有效组成部分，不能代替交通信号灯的指示作用，但是，如果使用不当或者显示的时间不正确，也会对驾驶人产生误导。

1. 显示要求

（1）倒计时显示器显示信息应为阿拉伯数字 0 ~ 9，并且以 1s 为单位递减，结束时显示的数字应为 1。

【案例 2-28】部分城市的倒计时显示器在当前信号时间即将结束时，会显示成"0"，并持续 1s 或更长时间，如图 2-103 所示。

图 2-103　倒计时显示器结束数字显示为"0"问题案例（案例 2-28）

【解析】《道路交通信号倒计时显示器》GA/T 508—2014 第 4.3 条规定"a）倒计时显示器应显示阿拉伯数字 0 ~ 9，以 1s 为单位递减，显示结束时数字为 1"，明确倒计时显示器结束时应显示数字 1。该案例中，直行方向指示信号灯对应的倒计时显示器结束时间显示为"0"，这种显示方式既浪费了该相位的有效绿灯时间，又不符合驾驶人的认知习惯。因此，应当调整倒计时显示器使结束时间显示为"1"。

（2）倒计时显示器显示的颜色应与信号灯显示的灯色一致，当信号灯为绿灯时，对应的倒计时显示器显示数字为绿色，信号灯为红灯时，显示数字为红色。

（3）倒计时显示器的显示过程中应没有乱码、丢码的情况。

（4）倒计时显示器显示的有效数字应向右对齐。

（5）当信号机重新启动或倒计时显示器无法确认显示的数字时，应当显示为黑屏。当十位数字为"0"时，十位应显示为黑屏。

（6）倒计时显示器可以设定为全程显示或定程显示，定程显示方式在非显示阶段应为黑屏状态。

2.设置要求

倒计时显示器应当与信号灯组分开设置，以便于驾驶人视认。信号倒计时器的设置数量和设置位置应当根据信号灯组数量和信号灯的设置方式分别确定，具体要求如下：

（1）当信号灯采用悬臂式或门式安装，并仅设置1组信号灯时，应设置1个倒计时显示器，并安装在信号灯组右侧，如图2-104所示。

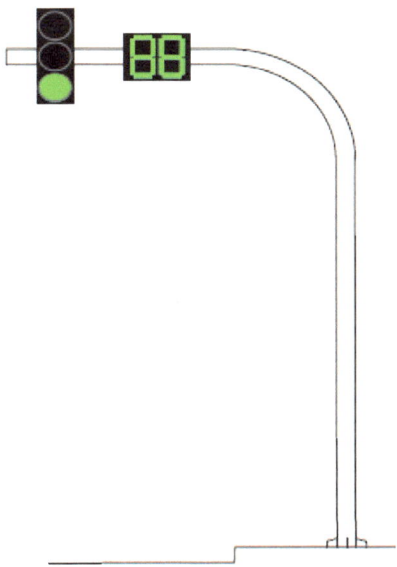

图2-104 单组信号灯倒计时显示器设置示例

（2）当信号灯采用悬臂式或门式安装，且设置多组信号灯时，可分别设置倒计时显示器，并分别安装于所指示信号灯右侧，如图2-105（a）所示；当1个倒计时显示器能分别准确显示信号灯色结束时间时，可设置1个倒计时显示器，并安装在信号灯组最右侧，如图2-105（b）所示，此时倒计时显示器显示的时间为：

1）当某组信号灯为绿灯时，倒计时显示器的时间为当前绿灯结束的时间，显示数字为绿色；

2）当所有信号灯组均为红灯时，倒计时显示器的时间为最早启亮绿灯信号灯组的红灯结束时间，显示数字为红色。

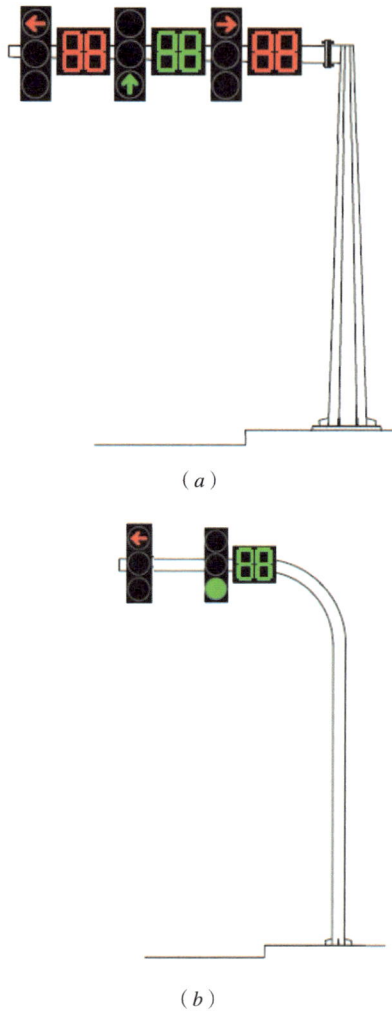

（a）

（b）

图 2-105　多组信号灯倒计时显示器设置示例
（a）分别设置倒计时显示器；（b）仅设置 1 组倒计时显示器

例如，某城市在同时设置左转方向指示信号灯和机动车信号灯时，在右侧只设置了 1 个倒计时显示器，路口采用先直行后左转的四相位控制方式。当前行驶方向放行直行时，倒计时显示器显示机动车信号灯绿灯信号的结束时间，如图 2-106（a）所示；当放行左转时，对应显示左转方向指示信号灯的绿灯结束时间，如图 2-106（b）所示。当该进口两组信号灯均为红灯时，倒计时显示器显示机动车信号灯红灯信号的结束时间，如图 2-106（c）所示。

（a）

（b）

（c）

图 2-106 一个倒计时显示器使用示例

（a）倒计时器显示机动车信号灯绿灯结束时间；（b）倒计时器显示左转方向指示信号灯绿灯结束时间；（c）倒计时器显示机动车信号灯红灯结束时间

（3）当信号灯采用柱式安装方式时，相应的倒计时显示器一般应安装在信号灯组下方，但人行横道信号灯的倒计时显示器可以安装在信号灯组上方或下方，如图 2-107所示。倒计时显示器的文字尺寸与信号灯组尺寸和数字间距相关，当信号灯尺寸为 Φ300mm 时，每个数字最大字宽不超过 155mm，当信号灯尺寸为 Φ400mm 时，每个数字最大字宽不超过 240mm，具体文字尺寸详见《道路交通信号倒计时显示器》GA/T 508—2014 第 4.1.4 条。

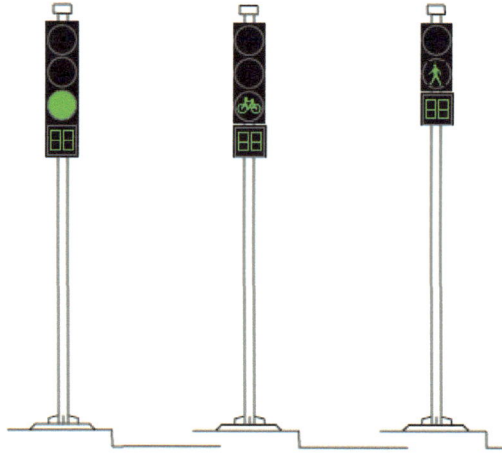

图 2-107　柱式安装信号灯倒计时显示器设置示例

【**案例 2-29**】部分城市将倒计时显示器嵌入黄灯，如图 2-108 所示。

图 2-108　倒计时显示器设置在信号灯组黄灯位置问题案例（案例 2-29）

【**解析**】根据《道路交通信号倒计时显示器》GA/T 508—2014 第 4.1.4 条规定，当信号灯采用悬臂式安装时，Φ300mm 信号灯的倒计时显示器字体的最小字高为 450mm，Φ400mm 的信号灯其倒计时显示器字体的最小字高应为 750mm；第 6.1 条规定 "b）倒计时显示器应与交通信号灯组分开设置"。该案例中，倒计时显示器嵌入黄灯，没有与交通信号灯分开，并且其显示的文字过小，驾驶人在行车过程中可能会辨识困难。因此，建议在信号灯组右侧增设独立的倒计时显示器，如图 2-105（b）所示。

2.10.2　盲人声响提醒

在盲人通行较为集中的路段或路口，人行横道信号灯应配套设置声响提示装置，用于提示盲人过街信号。声响提示装置应符合下列要求：

（1）声音类型。声响提示装置的声音信号宜采用电子合成的间歇式声音类型。为了减少对周边居民的干扰，夜间尤其是 22 点至次日 6 点之间，应适当降低声响提示装置的声音强度。

（2）声音频率。盲人声响提示装置的声音频率应当符合《道路交通信号灯设置与安装规范》GB 14886—2016 第 4.3.6 条的规定。

（3）装置安装数量。需要安装声响提示装置的人行横道信号灯，1 个信号灯杆只能安装 1 个声响提示装置，不能同时安装提示两个方向的声响提示装置。并且，指示两个方向的人行横道信号灯应当分开设置，并保持一定的安全距离，避免影响盲人的判断。

第3章　标志标线规范设置与应用

3.1　分类与基本要素

3.1.1　交通标志

1. 标志类型

交通标志按其作用分为主标志和辅助标志两大类。其中，主标志包括：警告标志、禁令标志、指示标志、指路标志、旅游区标志、作业区标志、告示标志等（见表3-1）。禁令标志和指示标志为道路使用者必须遵守的标志，其他标志仅提供信息。

交通标志类型和作用　　　　　　　　　　　　　　　　表 3-1

标志类型		作用	图例
主标志	警告标志	警告车辆、行人注意道路交通	
	禁令标志	禁止或限制车辆、行人交通行为	
	指示标志	指示车辆、行人应遵循	
	指路标志	传递道路方向、地点、距离信息	
	旅游区标志	提供旅游景点方向、距离	
	作业区标志	告知道路作业区通行	
	告示标志	告知路外设施、安全行驶信息及其他信息	
辅助标志		设置在主标志下，对其进行辅助说明	

注：表中的图例仅举例说明。

2. 标志形状和颜色

各类标志的颜色形状如下，其样式如表 3-1 所示。

警告标志：一般为正等边三角形。黄底、黑边、黑图形，黑色边框、黄色衬边。

禁令标志：圆形，其中停车让行标志为正八角形、减速让行标志为倒三角形、区域禁止及解除标志为长方形标志。为白底、红圈、红杠、黑图形，红色边框、白色衬边，图形压杠。

指示标志：圆形、长方形和正方形。为蓝底、白图形，白色衬边、无边框。

指路标志：一般情况为长方形、正方形。一般道路指路标志为蓝底、白图形，白色边框、蓝色衬边；快速路为绿底、白图形，白色边框、绿色衬边。

旅游区标志：长方形、正方形。棕底、白字、白图形，棕色衬边。

辅助标志：长方形、正方形。白底、黑字、黑图形，黑色边框、白色衬边。

告示标志：长方形、正方形。一般情况下为白底、黑字、黑图形，黑色边框。

【案例 3-1】某市一条主干路的指路标志采用绿底、白字，如图 3-1 所示。

图 3-1　标志颜色不正确问题案例（案例 3-1）

【解析】《道路交通标志和标线第 2 部分：道路交通标志》GB 5768.2—2009 第 7.1.2 条规定，一般道路指路标志为蓝底、白图形，白边框、蓝色衬边；城市快速路指路标志为绿底、白图形，白色边框、绿色衬边。该案例中的指路标志设置在主干路上，但采用了绿底、白字的形式，与标准规定不符，违反了《道路交通安全法》第二十五条"全国实行统一的道路交通信号"的规定。一般道路的指路标志颜色与城市快速路标志采用不同的颜色，是为了让驾驶人迅速识别所在道路的等级，采取相应的驾驶行为。该案例中标志的颜色容易让驾驶人误以为所行驶道路为城市快速路，会对自己的驾驶行为作出不正确的判断，存在交通隐患，应将标志的颜色改为蓝底、白字（见图 3-2）。

图 3-2 一般道路指路标志颜色示例

3. 标志图案和字符

（1）标志图案

标志的图案和基本图形，应符合《道路交通标志和标线》GB 5768—2009 和《城市道路交通标志和标线设置规范》GB 51038—2015 的规定。其中《道路交通标志和标线 第 1 部分：总则》GB 5768.1—2009 中给出了标志和标线的基本图形，并规定如需要使用 GB 5768 规定以外的道路交通标志和标线时，应向全国交通工程设施（公路）标准化技术委员会申报。

【案例 3-2】某县城的商业区禁止路内停车，在道路上设置了禁止停车标志，如图 3-3 所示。

图 3-3 禁停标志图形不符合标准问题案例（案例 3-2）

【解析】交通标志的图形应符合《道路交通标志和标线》GB 5768—2009 和《城市道路交通标志和标线设置规范》GB 51038—2015 中所规定的图形，不可随意创造。该案例中的禁止停车标志应按图 3-4 所示的样式调整。

图 3-4 禁止停车标志示例

（2）标志字符

标志的字符应根据设计速度或者路段的运行速度（V85）来确定字符的尺寸大小（见表3-2）。在空间受限的情况下，可以适当缩小文字的高度，但是最小高度不应小于一般值的0.8倍，或者采用高宽比为1：0.75的窄字体。

标志字符尺寸			表3-2
设计速度（km/h）	100	80	60、50、40
汉字高度（m）	0.65、0.60	0.60、0.55、0.50	0.50、0.45、0.40、0.35
道路编号标志中的字母标识符、数字及出口编号标识中的数字高度（m）	0.45、0.40	0.40、0.35	0.30、0.25

【案例3-3】某路口为提示驾驶人在直行绿灯期间，车辆驶入左弯待转区等候，在信号灯杆上设置了提示标志（见图3-5）。

图3-5　标志字符尺寸过小问题案例（案例3-3）

【解析】该案例中设置的标志文字过小且文字内容较多，驾驶人很难在短时间内识别信息，同时还会分散驾驶人的注意力，存在一定的安全隐患。建议按照《道路交通标志和标线 第2部分：道路交通标志》GB 5768.2—2009和《城市道路交通标志和标线设置规范》GB 51038—2015的规定，根据道路的设计速度或者路段的运行速度（V85）确定字符的大小。

3.1.2　交通标线

1. 标线类型

道路标线按照功能可以分为指示标线、禁止标线、警告标线（见表3-3）。

交通标线类型及作用 表3-3

标线类型	作用	图例示意	
		标线名称	样式
指示标线	指示车行道、行车方向、路面边缘、人行道、停车位、停靠站及减速丘等	左弯待转区	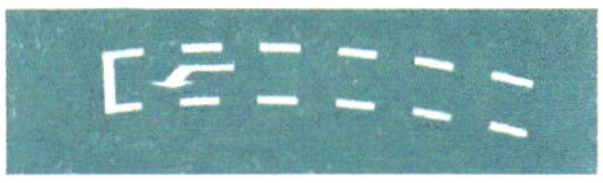
		导向车道线	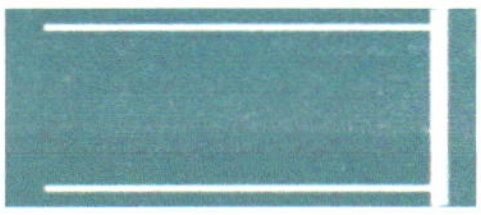
		人行横道线	
禁止标线	告示道路交通的遵行、禁止、限制等特殊规定的标线	停车让行	
		导流线	
		公交专用车道线	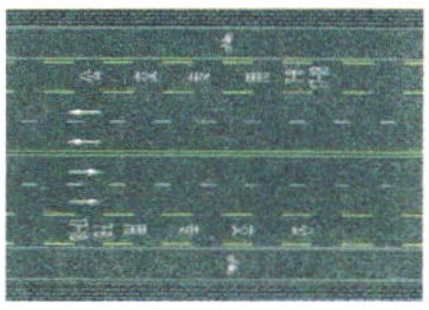
警告标线	促使道路使用者了解道路上特殊情况，提高警觉准备应变防范措施的标线	车行道横向减速标线	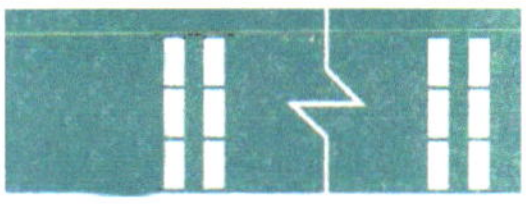
		立面标记	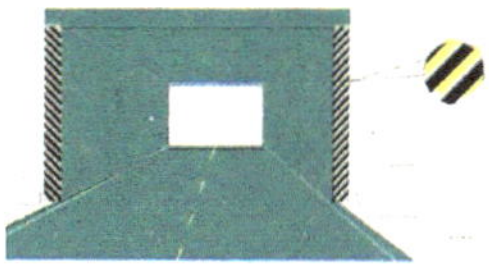
		铁路平交道口标线	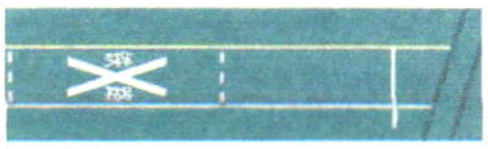

注：表中的图例仅举例说明。

2. 标线颜色

交通标线的颜色主要是黄色、白色、橙色、蓝色等，不同颜色的标线所传达的信息、使用的场合有所区别：

（1）黄色交通标线：传达禁止、限制、警告等信息；

（2）白色交通标线：传达重要的提示性信息；

（3）橙色交通标线：在作业区采用；

（4）蓝色交通标线：用于免费停车泊位标线或非机动车专用道标线；

（5）其他颜色标线：施划地面标记，根据相应标志的颜色选用。

【**案例3-4**】某条道路设置有中央绿化带，沿中央绿化带设置的车行道边缘线采用了黄色实线，如图3-6所示。

图3-6　车行道边缘线颜色使用错误问题案例（案例3-4）

【**解析**】道路的中央绿化带为永久性的隔离设施，已经起到了隔离双向交通流的作用。此时设置交通标线的主要作用，不是来分隔对向交通流，而是为了保证车辆的行车安全空间，避免与中央隔离带发生碰撞或刮擦。《城市道路交通标志和标线设置规范》GB 50138—2015第12.5.2条规定，有永久性物理设施分隔对向交通流，机动车道内侧边缘采用白色车行道边缘线。因此，该案例中的道路内侧车行道边缘线应该采用白色实线。

3.标线样式

交通标线是由各种线条、箭头、文字、图案及立面标记、突起路标和轮廓标等交通安全设施所构成，其基本图形和样式，在《道路交通标志和标线 第3部分：道路交通标线》GB 5768.3—2009和《城市道路交通标志和标线设置规范》GB 51038—2015中都进行了规定。

【**案例3-5**】某条道路较宽，中心线采用了四条白实线样式，如图3-7所示。

图3-7　标线样式不规范问题案例（案例3-5）

【解析】《道路交通标志和标线 第3部分：道路交通标线》GB 5768.3—2009 第5.2.1条规定，禁止跨越对向车行道分界线（也可称禁止跨越道路中心线）有双黄实线、黄色虚实线和黄色单实线，其中双黄线用于单向两条或两条以上的机动车车道。依据GB 5768.3—2009 第5.2.2条，"在路面较宽时，为保证车行道宽度不大于3.75m，双黄线间距可以适当调整。在双黄线间距大于50cm时应用黄色斜线或是其他设施填充两条黄实线间的部分，禁止车辆压线或进入区域"，该案例中道路较宽，且为双向六车道，因此中心线应采用双黄实线，同时为保证机动车车道宽度不大于3.75m，应调整双黄线间距，用黄色斜线进行填充，并设置隔离护栏。

3.2　设置总体要求

3.2.1　标志设置要求

《城市道路交通标志和标线设置规范》GB 51038—2015 第3.1.1条规定，各类城市道路都应设置交通标志。

1. 标志系统性

（1）交通标志应向道路使用者提供准确及时的交通信息和引导。

（2）交通标志不应传递与道路交通无关的信息。

（3）交通标志传达的信息应连续，重要信息需要重复显示。如国外某条道路，前方道路由单向两车道变为一车道。为使驾驶人能够完整地获得道路变窄这个重要信息，确保所有车辆能够安全有序地通过变窄段，分别在车道变窄处、距离车道变窄100m处，在道路的左右两侧同时设置了合流标志，如图3-8所示。

图3-8　重要信息重复设置示例

（4）对于车辆如未提前绕行则无法通行的禁令标志设置的路段，应在进入禁令路段路口前或适当位置设置相应的预告或绕行标志，提示被限制车辆提前绕行。

（5）指路标志的信息应相互关联、有序，便于不熟悉路网的道路使用者顺利到达目的地。

【案例3-6】指路标志版面中设置了与道路交通无关的广告信息，如图3-9所示。

图3-9　指路标志中设置了广告信息问题案例（案例3-6）

【解析】指路标志的作用是向道路使用者传达已经达到或是前方即将到达的道路、位置信息，广告信息不属于交通信息，同时分散驾驶人的注意力。根据《道路交通标志和标线　第1部分：总则》GB 5768.1—2009第3.2条规定，"道路交通标志和标线不应传递与道路交通无关的信息，如广告信息等"。该案例中应将指路标志中的广告信息删除。

2. 标志协调性

（1）交通标志应根据道路条件、交通流条件、交通环境、道路使用者的需求和交通管理的需要进行设置，并与周边的设施环境和景观条件相协调。

（2）交通标志与交通标线等其他交通设施，以及交通标志之间应配合使用，相互协调、相互补充，传达的交通信息不应相互矛盾。

（3）禁令标志与警告标志匹配设置时，必须设置禁令标志，警告标志应根据实际情况与管理需要设置。

（4）指示标志与警告标志匹配设置时，必须设置指示标志，警告标志应根据实际情况与管理需要设置。

（5）禁令标志与指示标志含义和作用相同时，必须设置指示标志，相同含义的禁令标志可根据实际情况与管理需要设置。

【案例3-7】某路口进口道设置了三条导向车道，从内向外分别为左转、直行、右转车道。但是其上方设置的分向行驶车道标志显示为两条导向车道，从内向外分别为直行左转、直行右转，如图3-10所示。

图 3-10　标线与标志不匹配问题案例（案例 3-7）

【解析】地面车道的划分与标志指示的车道划分不一致，影响驾驶人对车道的选择，容易导致路口范围内的频繁变道、错误选择车道等问题。依据《道路交通标志和标线　第 3 部分：道路交通标线》GB 5768.3—2009 和《城市道路交通标志和标线设置规范》GB 50138—2015 规定的交通标线和交通标志之间信息应该相互协调、不相互矛盾的要求，该案例中应调整分向行驶车道标志中的车道数和车道功能，与地面标线一致。

【案例 3-8】某路口的入口处设置两块机动车行驶标志，上方的机动车行驶标志指示机动车靠左侧车道行驶，而下方机动车行驶标志指示机动车可以在左右两侧车道行驶，如图 3-11 所示。

图 3-11　标志之间信息冲突问题案例（案例 3-8）

【解析】该案例中，上下两块机动车行驶标志的含义相互冲突，导致机动车驾驶人无从选择。应根据实际车道管理措施，设置正确的指示标志。

3. 标志尺寸

各类标志的尺寸应根据设计速度和运行速度（V85）进行选择，标志的尺寸与设计速度关系如表 3-4 所示。设置在城市狭窄道路、分隔带处的警告、禁令、指示标志，当采用柱式标志支撑结构设置空间受限制时，可采用最小值。其中警告标志的最小边长不应小于0.6m；圆形的禁令标志最小直径不应小于0.5m；三角形禁令标志最小边长不应小于0.6m；八角形禁令标志对角线长度不应小于0.5m；指示标志的最小直径（或短边边长）不应小于0.5m。指路标志的尺寸应按照字体和图形大小进行确定。同一地点设置的同一类型标志，其尺寸应该保持一致。

标志尺寸与设计速度的关系   表3-4

	设计速度（km/h）	100	80	60、50、40	30、20
警告标志	三角形边长（m）	1.3	1.1	0.9	0.7
	叉形标志宽度（m）	—	—	1.2	0.9
禁止标志	圆形标志外径（m）	1.2	1.0	0.8	0.6
	三角形标志边长（m）	—	—	0.9	0.7
	八角形标志外径（m）	—	—	0.8	0.6
	长方形标志边长（m）	—	—	1.2×1.7	0.9×1.3
指示标志	圆形标志外径（m）	1.2	1.0	0.8	0.6
	正方形标志边长（m）	1.2	1.0	0.8	0.6
	长方形标志边长（m）	1.9×1.4	1.6×1.2	1.4×1.0	—
	单行线标志边长（m）	1.2×0.6	1.0×0.5	0.8×0.4	0.6×0.3
	会车先行标志边长（m）	—	—	0.8	0.6

【案例3-9】在某一立交匝道处，匝道限速40km/h，沿着匝道外围设置了线形诱导标志。但是前后两个标志的尺寸不一致，前面标志大，后面的标志小，如图3-12所示。

图3-12   同一地点标志尺寸不一致问题案例（案例3-9）

【解析】根据《道路交通标志和标线 第2部分：道路交通标志》GB 5768.2—2009 的规定，当速度小于80km/h时，线形诱导标志的尺寸应为0.4m×0.6m。该案例中的两块标志在同一道路上，标志的尺寸应保持一致。

4. 标志设置位置

交通标志应设置在车辆行进方向容易看到的位置，一般设置在右侧。同时还应注意以下情况：

（1）标志不应被广告、树木、监控、上跨道路结构等遮挡。

（2）标志下缘至路面的高度应大于该道路规定的净空高度。

（3）标志之间要保持一定的间距以免相互遮挡，一般道路的间距不宜小于30m，快速路的间距不宜小于100m。但间距不能满足需求时，应该采用悬臂等杆件样式避免相互遮挡。

（4）当路段单向车道数大于4条、道路交通量大、大车比例高时，禁令和指示标志宜在车辆前进方向的左右两侧同时设置。例如，图3-13所示为国外一条双向六车道，大型车辆较多，所以内侧车道的小型车辆很难识别到外侧设置的交通标志，因此该条道路标志采用了左右两侧同时设置的方式，以保证交通标志的视认性。

图3-13　左右两侧同时设置交通标志示例

（5）警告标志应在危险点的前方设置，前置距离应根据道路的设计速度或最高限制速度、运行速度（V85）以及道路条件进行确定，如表3-5所示。

警告标志前置距离表　　　　　　　　　　　　　　　表3-5

速度 (km/h)	减速到下列速度（km/h）											
	条件A	条件B										
	0	10	20	30	40	50	60	70	80	90	100	110
40	※	※	※	※	—	—	—	—	—	—	—	—
50	※	※	※	※	※	—	—	—	—	—	—	—
60	30	※	※	※	※	—	—	—	—	—	—	—
70	50	40	30	※	※	※	※	—	—	—	—	—

续表

速度 （km/h）	减速到下列速度（km/h）											
	条件A	条件B										
	0	10	20	30	40	50	60	70	80	90	100	110
80	80	60	55	50	40	30	※	※	—	—	—	—
90	110	90	80	70	60	40	※	※	※	—	—	—
100	130	120	115	110	100	90	70	60	40	※	—	—
110	170	160	150	140	130	120	110	90	70	50	※	—
120	200	190	185	180	170	160	140	130	110	90	60	40

注：1. 条件A指道路使用者有可能停车后通过警告地点，如注意信号灯标志、交叉口警告标志等。

2. 条件B指道路使用者减速后通过警告地点，如急弯路标志、连续弯路标志等。

3. ※指不提出具体建议值，可视具体条件确定。

【案例3-10】某条道路上的标志被树木、广告牌遮挡，驾驶人无法清晰识别标志内容，如图3-14所示。

（a）　　　　　　　　　　　　　（b）

图3-14　指路标志被树木遮挡问题案例（案例3-10）

【解析】《道路交通标志和标线　第1部分：总则》GB 5768.1—2009第3.1条规定，道路交通标志和标线应传递清晰、明确、简洁的信息，以引起道路使用者的注意，并使其具有足够的发现、认读和反应时间。标志被树木、广告牌等遮挡后，导致驾驶人无法获得标志的交通信息，不能及时对自己的驾驶行为作出准确的判断。《道路交通安全法》第二十八条规定："任何单位和个人不得擅自设置、移动、占用、损毁交通信号灯、交通标志、交通标线。道路两侧及隔离带上种植的树木或者其他植物，设置的广告牌、管线等，应当与交通设施保持必要的距离，不得遮挡路灯、交通信号灯、交通标志，不得妨碍安全视距，不得影响通行"。该案例中，图3-14（a）应定期修剪树木，避免造成遮挡；图3-14（b）应拆除广告牌，或将标志设置在广告牌前方，也可将标志与广告牌错位设置，避免遮挡标志。

【**案例 3-11**】某路口设置的旅游区标志和指路标志距离过近，指路标志被遮挡，如图 3-15 所示。

图 3-15 标志之间相互遮挡问题案例（案例 3-11）

【**解析**】《城市道路交通标志和标线设置规范》GB 50138—2015 第 4.3.3 条规定，标志之间要保持一定的间距以免相互遮挡。该案例中旅游区标志和指路标志设置过近，导致旅游区标志遮挡了指路标志。建议该案例中将旅游区标志向上游移动一定距离，增加两标志之间的间距，避免遮挡。

5. 标志并设要求

不同类型的标志应该避免并设，但是由于空间、视距不佳等原因需要并设时，为保证视认性，应注意以下几点：

（1）同一杆件上的标志最多不应超过 2 种，数量最多不超过 4 个。

（2）当需要并设时，应按照禁令、指示、警告的顺序，先上后下、先左后右的顺序排列。同类标志并设时，应根据信息提示的重要程度进行排列。

（3）解除限制速度标志、解除禁止超车标志、路口优先通行标志、会车先行标志、会车让行标志、停车让行标志、减速让行标志应单独设置。

【**案例 3-12**】某道路入口处，同一杆件上设置了 8 块标志，其中同一悬臂上设置了 5 块禁令标志，如图 3-16 所示。

图 3-16 并设信息量过多问题案例（案例 3-12）

【解析】该案例中杆件上的标志数量明显过多，驾驶人在瞬间很难识别全部信息。《道路交通标志和标线 第2部分：交通标志》GB 5768.2—2009中规定，同一杆件上的标志最多不应超过2种，数量最多不超过4个。该案例中应对标志进行梳理，并分杆设置。根据信息的重要性，应将限速标志、禁止货车通行标志、禁止危化品通行标志、禁止三轮车和拖拉机通行标志并设在入口处悬臂横杆上；禁止鸣喇叭和禁止停车标志可在入口后方单独设置。

【案例3-13】某城市的支路上设置了路内停车泊位，由于道路两侧为商业区和居民区，人流量大，因此限速15km/h并禁止鸣喇叭，为减少杆件设置数量，将三块标志并设在同一杆件上，如图3-17所示。

图3-17　标志并设排序不正确问题案例（案例3-13）

【解析】《道路交通标志和标线 第2部分：交通标志》GB 5768.2—2009第3.2.4条规定，"标志板在一个支撑结构（支撑）上并设时，应按禁令、指示、警告的顺序，先上后下，先左后右地排序"。限速标志、禁止鸣喇叭标志同为禁令标志，同类标志在并设时，应根据信息的重要程度进行排列。该案例中，三块标志的设置应该按照限速标志—禁止鸣喇叭标志—停车位标志的顺序，先上后下或先左后右地排列，如图3-18所示。

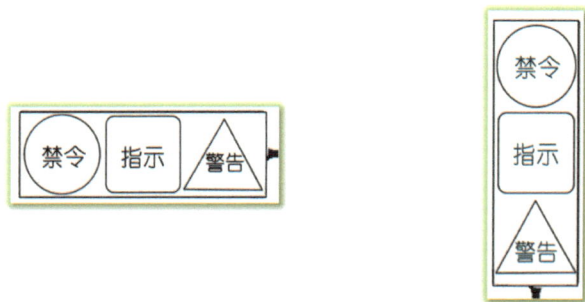

图3-18　标志并设排序示例

6. 标志制作要求

（1）当某一地点的标志过多时，为节省成本，可将标志组合设置在同一版面，应注意以下几点：

1）应按照禁令、指示、警告的顺序，先上后下、先左后右的顺序排列。

2）禁令、指示标志套用于无边框的白色底板上，为必须遵守标志。当套用在指路标志上时，仅表示提供相关禁止、限制和遵行信息，只能作为补充说明或预告方式，并应在必要位置设置相应的禁令、指示标志。

3）停车让行、减速让行标志不得套用于无边框的白色底板上。

4）同一版面的禁令或指示标志的数量不应多于4种，在快速路、隧道、特大桥等路段入口处，不应多于6种。

5）同一版面中禁止某种车辆转弯或是直行的禁令标志不能多于2种，其禁止的车种超过2种时，应采用辅助标志进行说明。

（2）标志版面材料应采用逆反射材料制作，可根据地形、观测角度、日照等情况增加主动发光式或外部照明设备。一般情况下，快速路、主干路应采用Ⅲ~Ⅴ类反光膜，次干路及以下等级道路采用Ⅰ~Ⅳ类反光膜。

（3）标志底板可采用铝合金板、挤压成型的铝合金型材、薄钢板、合成树脂类板材制作。

【案例3-14】某城市进城路段起始处，为禁止多类车种通行，同时限制速度、禁止停车和鸣喇叭，将多种禁令标志设置在同一版面上，如图3-19所示。

图3-19　标志组合设置问题案例（案例3-14）

【解析】该案例中限制速度、禁止停车、禁止鸣喇叭等禁令标志套用于蓝色底板上，这些禁令标志失去了执法效力。如果要组合设置，按照《道路交通标志和标线 第2部分道路交通标志》GB 5768.2—2009第3.3.6条"禁令标志、指示标志套用于无边框的白色底板上，为必须遵守标志"的规定，应将蓝色底板更换为白色无边框底板（见图 3-20）。此外，该案例中同一版面的标志数量过多，应根据禁令标志的重要程度，将其拆分组合到不同的版面上。可将禁止鸣喇叭标志和禁止停车标志设置在一块版面上，其他的禁令标志设置另一块版面上。

图 3-20　禁令标志套用在白色无边框底板示例

3.2.2　标线设置要求

《城市道路交通标志和标线设置规范》GB 51038—2015 第 3.1.1 条规定，各类城市道路都应设置交通标线。

（1）标线设置应能符合道路设计的要求、与道路交通运行特点相适应，能够确保交通运行的安全、有序。

（2）应根据道路条件、交通流条件、交通环境、道路使用者的需求和交通管理的需要进行设置，应与周边的设施环境和景观条件相协调。

（3）各等级公路、城市快速路、主干路应该设置反光交通标线。

（4）标线的设置应与交通标志、其他交通设施配合使用，相互协调、相互补充，传达的交通信息不应相互矛盾。

（5）路面文字标记的排列方式应符合下列规定：

1）快速路，沿车辆行驶方向应由近及远纵向排列，如图 3-21（a）所示；

2）其余等级的城市道路，沿车辆行驶方向应由远及近纵向排列，如图 3-21（b）所示。

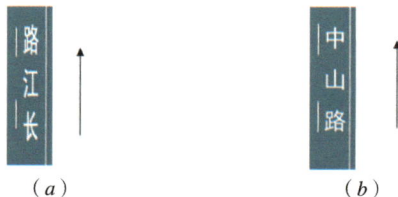

（a）　　　　　　　　　　（b）

图 3-21　路面文字样式示例

（a）快速路路面文字标记；（b）其他等级道路路面文字标记

【案例 3-15】某路口的人行横道线直接设置到绿化带上，如图 3-22 所示。

图 3-22　人行横道设置到绿化带上问题案例（案例 3-15）

【解析】道路交通标线设置应与道路条件及周边的景观相协调。该案例中将人行横道线设置到绿化带上，且未对绿化带进行降坡、铺装道板处理，给行人过街带来不便。该案例中，应将人行横道线前移，避开绿化带，或是将绿化带进行降坡、铺装处理。

【案例 3-16】某城市的一条主干路的交通标线没有使用反光材料，交通标线夜间无法识别，如图 3-23 所示。

图 3-23　标线夜间不清的问题案例（案例 3-16）

【解析】《道路交通标志和标线　第 3 部分：道路交通标线》GB 5768.3—2009 第 3.2 条规定，各等级公路和城市快速路、主干路应设置反光交通标线。因此，该案例中的主干路的交通标线应重新施划。

3.2.3　标志标线使用与维护

（1）标志标线在使用中，应定期开展排查，发现交通标志和标线损毁、灭失的，应及时修复，以保证标志标线的视认性。在更换标志标线时，应将旧标志的反光材料、标线涂料清除干净。原则上，每半年重新施划标线。

（2）新建和改建道路的交通标志和标线应同步设计、施工和验收。在需要增加标志标线的道路，应及时设置。

（3）道路施工、养护或大型活动期间设置的临时交通标志和标线，在工程或活动结束后应及时撤除，恢复正常状态下的交通标志和标线设置。

【案例3-17】图3-24（a）中道路标线磨损不清，图3-24（b）中交通标志粘满各种小广告。

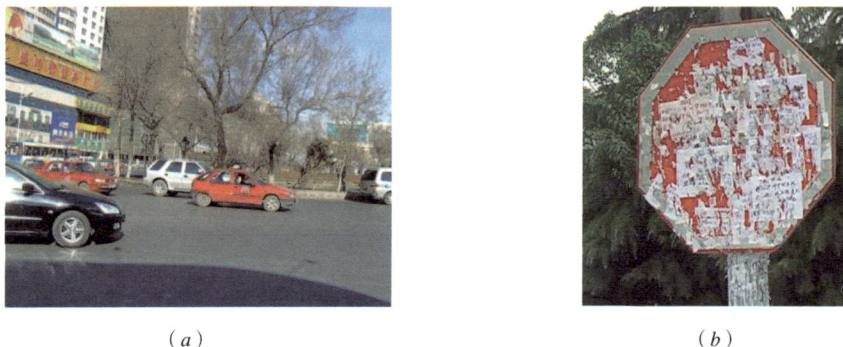

（a）　　　　　　　　　　　　（b）

图3-24　标线和标志未及时维护问题案例（案例3-17）

【解析】《道路交通安全法》第三十条规定，"道路出现坍塌、坑槽、水毁、隆起等损毁或者交通信号灯、交通标志、交通标线等交通设施损毁、灭失的，道路、交通设施的养护部门或者管理部门应当设置警示标志并及时修复"。此外，《城市道路交通标志和标线设置规范》GB 51038—2015 第3.1.8条规定，"交通标志和标线的养护、管理应有专门机构负责。应定期开展排查，发现交通标志和标线损毁、灭失的，应及时修复；需增加交通标志标线，应及时设置"。因此，该案例中，图3-24（a）应重新施划地面标线，图3-24（b）应将交通标志粘贴物清除干净，如果损坏严重应进行更换。

【案例3-18】某道路的交通标线进行了重新施划，但旧标线没有清除干净，新旧标线交织，如图3-25所示。

图3-25　新旧标线交织问题案例（案例3-18）

【**解析**】《道路交通标志和标线 第1部分：总则》GB 5768.1—2009 第3.1条规定，"道路交通标志和标线应传递信息清晰、明确、简洁的信息"。该案例中，应在施划新标线前，应将旧标线清除干净。

【**案例 3-19**】某条道路建设时，交通标志标线没有同步施工，导致标志标线设施缺失，如图3-26所示。

图 3-26　改建道路未同步设置标志标线问题案例（案例3-19）

【**解析**】该案例中，道路已经开通，但是没有设置标志标线来引导车辆规范行驶。根据《城市道路交通标志和标线设置规范》GB 51038—2015 第3.1.7条规定，新建和改建道路时，交通标志和标线应同步进行设计、施工和验收。因此，设施管理部门应积极会同道路主管部门，补充完善相关的标志标线。

3.3　交通限制管理相关

3.3.1　禁止通行

1. 相关标志标线（见表3-6）

与禁止通行相关的交通标志标线 表3-6

序号	名称	图例	说明
1	禁止通行		表示禁止一切车辆和行人通行
2	禁止驶入		表示禁止一切车辆驶入，但是行人可以通行

续表

序号	名称	图例	说明
3	禁止机动车驶入		表示禁止各类机动车驶入，应注意与禁止通行和禁止驶入标志的区别
4	禁止载货汽车驶入		表示禁止货车驶入
5	禁止大型客车驶入		表示禁止大型客车驶入
6	禁止小型客车驶入		表示禁止小型客车驶入
7	禁止挂车、半挂车驶入		表示禁止挂车、半挂车驶入
8	禁止拖拉机驶入		表示禁止拖拉机驶入
9	禁止三轮汽车、低速货车驶入		表示禁止三轮汽车、低速货车驶入
10	禁止摩托车驶入		表示禁止摩托车驶入
11	禁止电动三轮车驶入		表示禁止电动三轮车驶入
12	禁止黄标车驶入		表示禁止没有绿色环保检验合格标志的车辆驶入
13	禁止运输危险物品车辆驶入		表示禁止运输危险物品车辆驶入

续表

序号	名称	图例	说明
14	禁止某两种车驶入		表示禁止标志中显示的两种车辆驶入
15	禁止非机动车进入		表示禁止非机动车进入
16	禁止畜力车进入		表示禁止畜力车进入
17	禁止人力客运三轮车进入		表示禁止人力客运三轮车进入
18	禁止人力货运三轮车进入		表示禁止人力货运三轮车进入
19	禁止人力车进入		表示该道路禁止人力车进入
20	禁止电动车驶入		表示该道路禁止电动车驶入
21	禁止车辆向某方向通行		图例中仅给出禁止向左转弯的标志，如需要禁止其他方向通行，将图中左转箭头改为其他方向箭头
22	禁止某一种车辆向某方向通行标志		图例中给出的是禁止货车左转的示例，如需禁止其他车种向某方向通行，参考此样式设置
23	禁止两种及以上车辆向某方向通行标志		图例中给出的是禁止货车、拖拉机左转的示例，如需禁止其他两种及以上车种向某方向通行，参考此样式设置
24	绕行标志	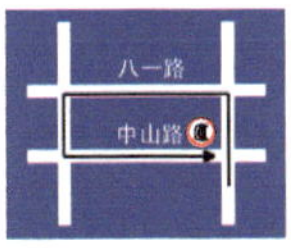	用于预告前方道路的交通管制措施，提示车辆、行人提前绕行

续表

序号	名称	图例	说明
25	禁止向某方向通行图形标记		图例中给出的是禁止向右转弯的标记,其他方向禁行标记参考此样式设置,地面标记可根据车道宽度、路面平整度等实际情况设置

应注意禁止通行、禁止驶入、禁止机动车驶入以及禁止小型客车驶入四类标志之间的区别,不可混淆使用。各标志的含义如下:

(1)禁止通行标志:表示禁止一切车辆和行人通行。

(2)禁止驶入标志:禁止一切车辆驶入,但是行人可以通行。

(3)禁止机动车驶入标志:禁止各类机动车驶入,但是非机动车和行人可以通行。

(4)禁止小型客车驶入标志:小型客车是指车长小于6m且乘坐人数小于或等于9人的载客,但是不包括微型载客汽车(微型载客汽车是指车长小于或等于3.5m且发动机气缸总排量小于或等于1L的载客汽车)。该标志仅对此类车辆通行进行限制,其他机动车、非机动车及行人可以通行。

【案例3-20】某条道路为机动车单行路,非机动车可以进入,但设置了禁止驶入标志和非机动车靠右行驶标志,如图3-27所示。

图3-27　混淆禁止驶入标志与禁止机动车驶入标志问题案例(案例3-20)

【解析】该案例中,混淆了禁止驶入标志和禁止机动车驶入标志的含义。禁止驶入标志是表示禁止一切车辆驶入,包括非机动车;禁止机动车驶入标志是禁止机动车驶入,不包括非机动车。该案例中,禁止驶入标志与非机动车靠右行驶标志的信息相互冲突,应将禁止驶入标志改为禁止机动车驶入标志。

2. 设置方法

（1）当某条道路禁止通行或禁止驶入时

1）在禁止路段开始的位置设置禁止通行或禁止驶入标志，如对时间段有要求应设置辅助标志进行说明。

2）相交道路的进口道方向，应设置相应的禁止向某方向通行的标志，可配套设置禁止向某方向通行路面图形标记。

3）对于车辆如未提前绕行则无法通行的禁令标志设置路段，应在进入禁令路段的路口前或适当位置，设置相应的预告或绕行标志。可通过在指路标志或指示标志中附加禁令标志的方式进行预告，如图 3-28 所示。

图 3-28 指路标志中附加禁令标志示例

例如，南京路禁止机动车通行，在道路起始端设置了禁止机动车驶入标志。与其相交的北京路，在进口道方向分别设置了禁止向左转弯标志和禁止向右转弯标志。由于南京路禁止机动车通行，机动车需要绕行，因此在周边路段的适当位置分别设置了绕行标志，提示车辆绕行，如图 3-29 所示。

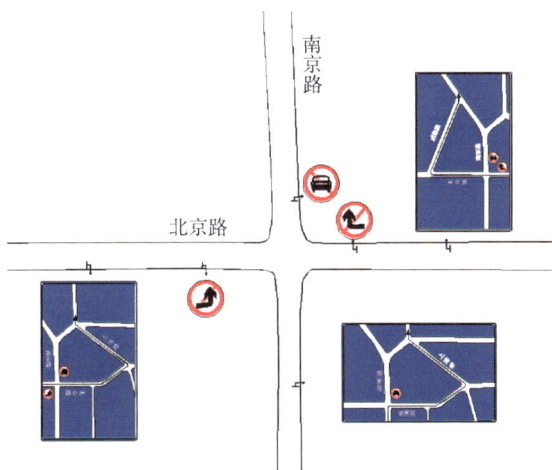

图 3-29 道路禁止机动车通行相关标志设置示例

（2）当某道路禁止某种车辆驶入时

1）应在道路起始端设置相应的禁止某种车辆通行的禁令标志，如对时间段、轴重、质量、载客数量等有要求时，应增加辅助标志进行说明。

2）相交道路的进口道方向，也应设置相应的禁止向某方向通行的标志，并通过采用辅助标志或在禁令标志中附加车种图形的方式，说明限制的车种，可配套设置禁止向某方向通行路面图形标记。

3）对于车辆如未提前绕行则无法通行的禁令标志设置路段，应在进入禁令路段的路口前或适当位置，设置相应的预告或绕行标志，可通过在指路标志或指示标志中附加禁令标志的方式进行预告。

3.3.2 禁止方向性通行

1. 相关标志标线（见表3-7）

与禁止方向性通行相关的交通标志标线 表3-7

序号	名称	图例	说明
1	禁止向左转弯		表示禁止车辆向左转弯
2	禁止向右转弯		表示禁止车辆向右转弯
3	禁止直行		表示禁止车辆直行
4	禁止向左向右转弯		表示禁止车辆向左、向右转弯
5	禁止直行和向左转弯		表示禁止车辆直行和向左转弯
6	禁止直行和向右转弯		表示禁止车辆直行和向右转弯

续表

序号	名称	图例	说明
7	禁止某一种车辆向某方向通行标志		图例中给出的是禁止货车左转的示例，如需禁止其他车辆向某方向通行，参考此样式设置
8	禁止两种及以上车辆向某方向通行标志		图例中给出的是禁止货车、拖拉机左转的示例，如需禁止其他两种及以上车种向某方向通行，参考此样式设置
9	绕行标志		用于预告前方道路的交通管制措施，提示车辆、行人提前绕行
10	禁止向某方向通行图形标记		图例中给出的是禁止向右转弯的标记，其他方向禁行标记参考此样式设置，地面标记可根据车道宽度、路面平整度等实际情况设置

2.设置方法

路口禁止所有车辆或某种车辆向某方向通行时：

（1）应在路口进口道适当位置设置相应的方向禁行标志。

（2）如对时间段、轴重、质量、载客数量等有要求时，应在禁令标志下方设置辅助标志进行说明。

（3）如禁止一种车种时，可在禁令标志版面附加被禁止车种的图形；如禁止两种及以上车种时，应在禁令标志下方设置辅助标志进行说明。

（4）对于车辆如未提前绕行则无法通行的禁令标志设置路段，应在进入禁令路段的路口前或适当位置，设置相应的预告或绕行标志，可通过在指路标志或指示标志中附加禁令标志的方式进行预告。

（5）可配合设置禁止向某方向通行地面图形标记进行强调。

例如，某路口在 7:00 ~ 22:00 期间进口道禁止左转，在前方的分向行驶车道标志上附加了禁止左转标志和辅助标志进行预告。因为禁令标志套用于无边框的白色底板上，才为必须遵守标志，该案例中的禁令标志设置在指示标志版面上，仅表示前方限行的信息，所以在路口处需要单独设置禁止左转标志和限行时间段的辅助标志，如图3-30所示。

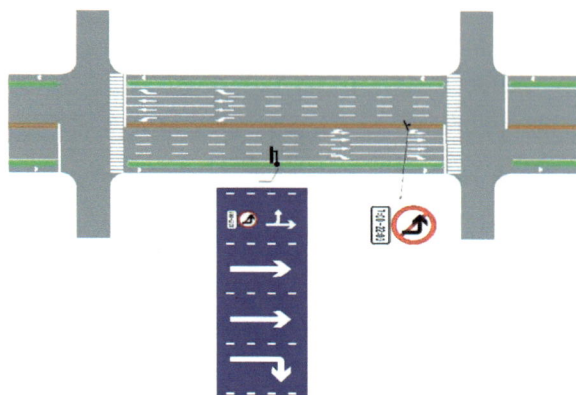

图 3-30　路口禁止左转的标志设置示例

3.3.3　限高、限宽、限重

1. 相关标志（见表 3-8 ）

与限高、限宽、限重相关的交通标志　　　　表 3-8

序号	名称	图例	说明
1	限制宽度	3m	表示超过标志所示宽度的车辆禁止驶入
2	限制高度	3.5m	表示超过标志所示高度的车辆禁止驶入
3	限制质量	10t	表示超过标志所示质量的车辆禁止驶入
4	限制轴重	7t	表示超过标志所示轴重的车辆禁止驶入
5	绕行标志	八一路 中山路	用于预告前方道路的交通管制措施，提示车辆、行人提前绕行

2.设置方法

桥梁、隧道、涵洞等特殊路段需要对车辆的通行高度、宽度、重量等进行限制时：

（1）应在这些特殊路段的起始端设置相应的禁令标志。

（2）对于车辆如未提前绕行则无法通行的禁令标志设置路段，应在进入禁令路段的路口前或适当位置，设置相应的预告或绕行标志。可通过在指路标志或指示标志中附加禁令标志的方式进行预告。

3.3.4　单向交通组织

1.相关标志标线（见表3-9）

与单向交通组织相关的交通标志标线　　　　　　表3-9

序号	名称	图例	说明
1	单行路标志		表示单行路的单行方向
2	禁止驶入		当单行路禁止所有车辆驶入的时候，应设置该标志
3	禁止机动车驶入		当单行路禁止机动车驶入时，应设置该标志。如果允许公交车双向通行时，应采用辅助标志进行说明
4	禁止车辆向某方向通行标志		图例中仅给出禁止向左转弯的标志，如需要禁止其他方向通行，将图中左转箭头改为其他方向箭头
5	绕行标志		用于预告前方道路的交通管制措施，提示车辆、行人提前绕行
6	专用车道标志		当单行路上对某种特定车辆实施双向通行，并设置了专用车道时，应在专用车道上方设置专用车道标志。在单行路中，一般用于公交专用道、快速公交专用道

序号	名称	图例	说明
7	车种专用车道线		对单行路中可以双向通行的车辆，可根据实际需要设置专用车道线。在单行路中，一般用于公交专用道、快速公交专用道
8	禁止向某方向通行图形标记		图例中给出的是禁止向右转弯的标记，其他方向禁行标记参考此样式设置，地面标记可根据车道宽度、路面平整度等实际情况设置

2. 设置方法

单行路的设置条件和方法可参考《城市道路单向交通组织原则》GA/T 486—2015。当某条道路设置为单行路时：

（1）应根据单行方向，在单行路的起点设置单行路标志；在单行路的终点，当禁止所有车辆驶入时，应设置禁止驶入标志，当禁止机动车驶入时，应设置禁止机动车驶入标志。

（2）与单行路相交的路口，应根据单行路的单行方向，设置相应的禁止车辆向某方向通行标志，可在地面设置禁止向某方向通行的路面图形标记。同时，根据单行路的单行方向，应设置与单行方向一致的单行路标志。

（3）如果单行路对限行时间或车种有要求时，应设置辅助标志进行说明，可同时设置地面标记对车种和时间进行重复提醒。

（4）当允许某种车辆双向通行时，可施划专用车道，并在其上方设置相应的专用车道标志。在单向交通组织中，此种情况多用于公交专用道和快速公交专用道。如需要对其他车辆设置专用车道时，参照《道路交通标志和标线 第2部分：道路交通标志》GB 5768.2—2009 第6.17条和《道路交通标志和标线 第3部分：道路交通标线》GB 5768.3—2009 第5.11条设置。

例如，中山路从八一路路口至人民路路口实施了由北向南的机动车单向交通组织，非机动车可以双向通行，该路段交通组织标志设置如图3-31所示。

1）中山路—八一路路口为单行路的起点，应设置单行路标志。同时，八一路的进口道处，设置了与单行方向一致的单行路标志，提前告知驾驶人中山路为由北向南单行路。

2）中山路—解放路为单行路沿线路口。根据中山路的单行方向，在中山路的北进

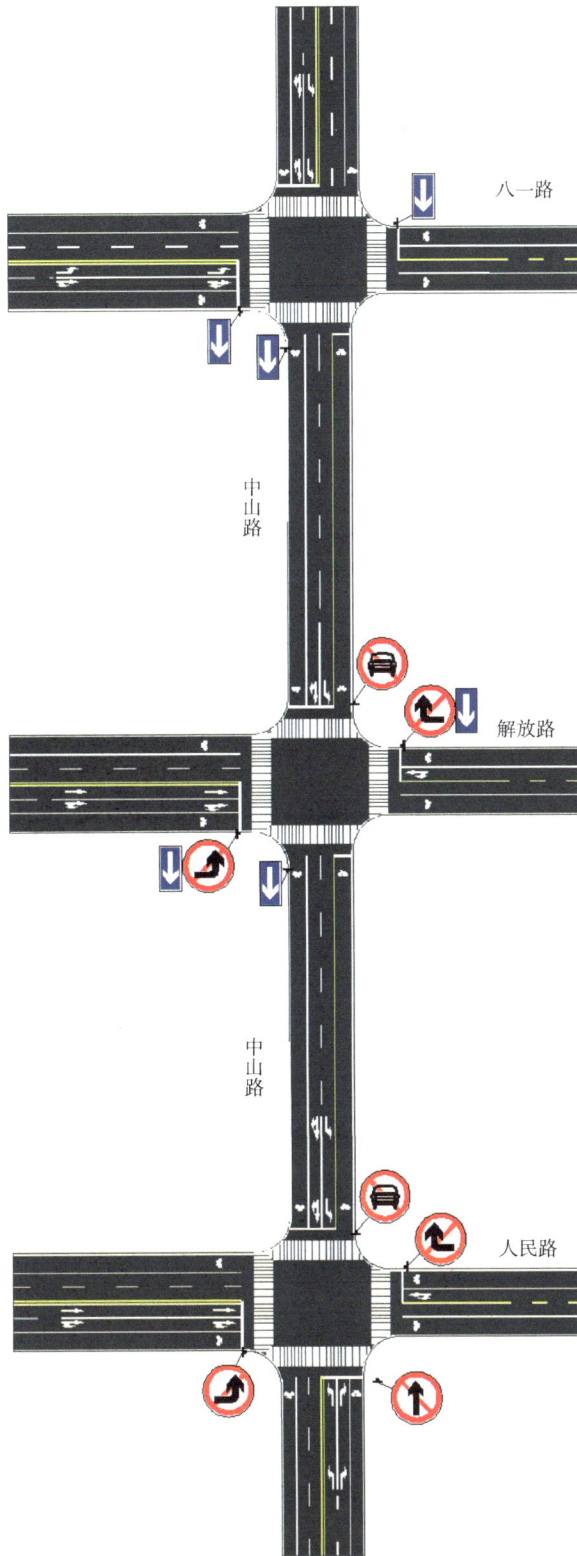

图 3-31 单向交通组织标志设置示例

口设置了禁止机动车驶入标志，南出口设置了单行路标志；解放路的东西进口，分别根据单行路的单行方向，设置了禁止向右转弯标志和禁止向左转弯标志，同时设置了与单行方向一致的单行路标志。

3）中山路—人民路为单行路的终点。在中山路的北进口设置了禁止机动车驶入标志；人民路的东西方向分别设置了禁止向右转弯标志和禁止向左转弯标志。

例如，某单行路由北向南单行，允许公交车双向通行，在上述设置方法的基础上，增设了"公交除外"的辅助标志，并在路口车道施划了地面文字标记和图形标记进行重复说明。此外，在单行路上设置了由南向北的公交专用车道，在其上方设置了公交专用车道标志，如图 3-32 所示。

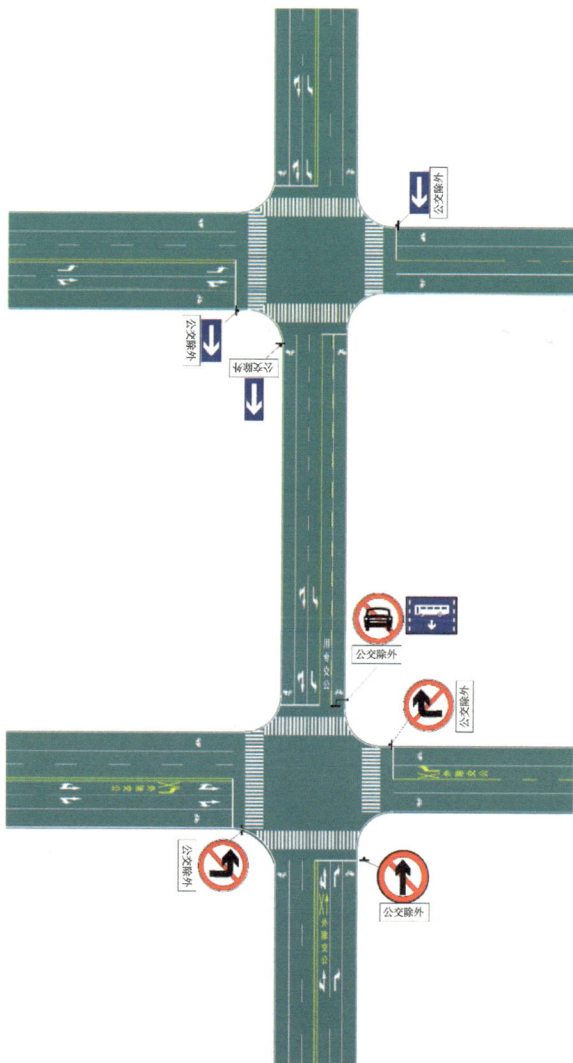

图 3-32　允许公交车双向通行的单行路示例

3.4 指路系统相关

3.4.1 路径指引系统的构成

1.相关标志标线（见表 3-10）

与路径指引相关的交通标志标线　　　　　表 3-10

序号	名称		图例	说明
1	交叉路口预告标志		长江路 南直路 学院路 阜成路 前方500m	预告前方交叉路口形式、交叉道路的名称、通往方向信息、地理方向信息以及距前方交叉路口的距离
2	交叉路口告知标志		长江路 南直路 学院路 阜成路	告知前方交叉路口形式、交叉道路的名称、通往方向信息、地理方向信息
3			《相交道路名》	告知相交道路名称
4	确认标志	街道名称	新街口外大街	指示当前街道名称
5		路名牌	123南192 西土城路 193北220	指示城市道路名称、地点方向、道路沿线门牌号码
6		地点距离	南直路 2km 八一路 15km G101 25km	指示前方途经的重要公路编号、道路名、地名和距离
7	地面文字标记		中山路	指示车道所能到达的目的地

注：以上标志的版面有多种样式，将在后续相关内容中进行说明，在此仅用其中的一种作为示例。

2.设置方法

（1）主干路与主干路、主干路与次干路、次干路与次干路相交

1）在主干路方向上，应设置告知标志、街道名称标志和路名牌标志；在次干路方向上，应设置告知标志、路名牌标志，可根据需要设置街道名称标志，如路名牌设置位置距离机动车道过远、大车遮挡路名牌等原因，导致不易观察路名牌时，应设置街

117

道名称标志；当该路口与上游路口距离较远时，可设置预告标志。路径指引标志的配置要求如表 3-11 所示。

主干路、次干路路径指引标志配置要求　　　　　　　　表 3—11

道路类型	标志	设置要求
主干路方向	预告标志	依据情况选设
	告知标志	应设
	街道名称标志	应设
	路名牌标志	应设
次干路方向	预告标志	依据情况选设
	告知标志	应设
	街道名称标志	依据情况选设
	路名牌标志	应设

2）预告标志：城市道路一般情况下不需要设置预告标志，特别是主干路与支路、次干路与支路相交的路口无需设置该标志。但是，如上游路口距离该路口较远，或该路口为重要单位所在地、交通枢纽点等关键性路口，在道路空间条件许可的情况下可设置预告标志，一般设置在告知标志前 150 ~ 500m。如条件受限，可以适当向路口方向移动，但是距离路口不应少于 100m，同时不应遮挡告知标志。

3）告知标志：在道路使用者到达交叉路口前，告知其道路信息，一般设置在距离路口停止线 30 ~ 80m 处。

4）确认标志：道路使用者可以通过确认标志确认是否在预期的道路上。街道名称标志应面向来车方向，设置在路口出口附近，一般可设置在信号灯杆上，如图 3-33（a）所示；路名牌标志设置在城市道路街角处的人行道边，如图 3-33（b）所示。当上下游路口之间距离较长时，应重复设置此两种标志。主干路和次干路上，如果设置路名牌标志后能满足所有道路使用者的视认要求，可只设置路名牌标志。

（a）　　　　　　　　　　　　　（b）

图 3-33　街道名称标志和路名牌标志设置示例

（a）街道名称标志；（b）路名牌标志

（2）主干路与支路相交、次干路与支路、支路与支路相交

1）主干路、次干路上的标志参考上述内容设置；

2）支路上应设置告知标志和路名牌标志。

（3）特殊路口

在一些特殊路口，除按照上述原则设置路径指引标志外，当有告知车辆提前变道、明确每条车道所通往的方向等需要时，可设置路面文字标记加强引导。

例如，前方为一快速路的桥下路口，由于桥墩设置问题，导致车辆在路口范围内行驶较为困难，设置文字标记提示车辆提前做好变道准备，如图 3-34 所示。但是，图中地面文字标记应按照《城市道路交通标志和标线设置规范》GB 51038—2015 第 12.15.3 条规定，"快速路，沿车辆行驶方向应由近及远纵向排列；其余等级的城市道路，沿车辆行驶方向应由远及近纵向排列"设置。

图 3-34　地面文字标记加强指引示例

3.4.2　版面基本要求

1. 信息量

标志的信息量应适中，同一方向指示的目的地信息数量不应超过 2 条。考虑到驾驶人视觉识别能力的限制，同一版面指示的信息不宜超过 6 条。当一个方向采用 2 条信息时，信息的排序应按照由近到远的顺序从左至右或从上至下排列，如图 3-35 所示。

（*a*）　　　　　　　　　　　　（*b*）

图 3-35　远近信息排列示例

【**案例 3-21**】如图 3-36 所示的指路标志，指示的信息量有 15 条。

图 3-36　指路标志信息量过载问题案例（案例 3-21）

【**解析**】《道路交通标志和标线 第 2 部分：道路交通标志》GB 5768.2—2009 第 7.1.6 条规定，"一块指路标志版面中，各方向指示的目的地信息数量之和不宜超过六个"。图 3-36 中的指路标志信息量明显超过该规定，因此建议减少该案例中标志的信息量，可按照本书第 3.4.3 节的有关规定对信息进行筛选，设置合适的信息。

2. 交叉路口预告标志版面样式及选用

本节所指的主线道路是指车辆所在的当前道路。

（1）主线道路为主干路：主干路方向的版面优选设有远点信息的标志版面如图 3-37（a）所示，当道路空间受限时，可采用图 3-37（b）所示的样式。

（2）主线道路为次干路：次干路方向版面优选设有近点信息的标志版面如图 3-37（b）所示，如果所在路口交通流量较大，可选用图 3-37（a）所示的样式。

（3）当前方路口为立交或是路口过于复杂，采用图形化不易识别时，可采用图 3-37 中（c）的样式。

（4）如果交叉路口为畸形路口，标志版面中的路口形状应根据实际路口形状绘制，如图 3-38 所示。

（5）版面中的相交道路名，也可以不用预告，如图 3-39 所示。

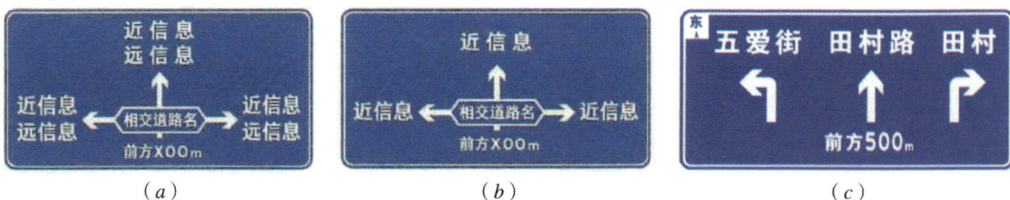

（a）　　　　　　　　　　（b）　　　　　　　　　　（c）

图 3-37　交叉路口预告标志样式的示例

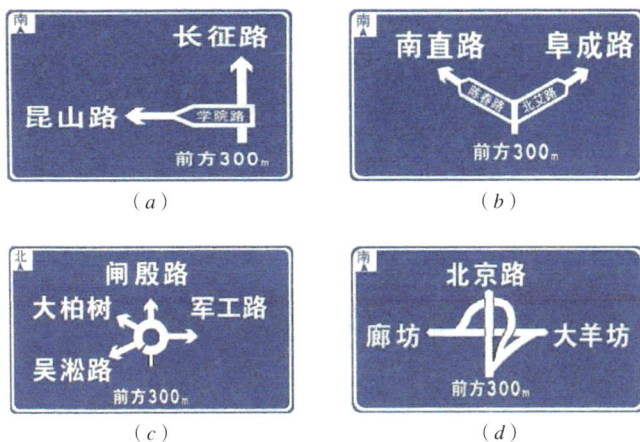

图 3-38 特殊交叉路口预告标志样式示例

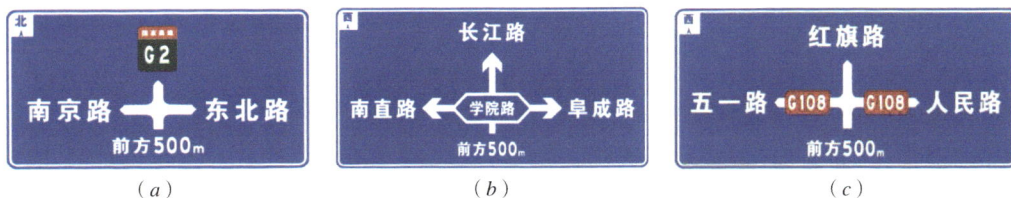

图 3-39 箭头样式示例

3. 交叉路口告知标志版面样式及选用

同一条道路上应遵循统一的标志版面选取原则（见表 3-12）。

（1）主线道路为主干路

1）主干路方向的版面优选设有远点信息的标志版面，如图 3-40（a）所示的样式。

2）主干路与主干路、主干路与次干路相交路口：主干路方向的告知标志优选图 3-40（a）所示样式。当受到道路空间限制时，可采用图 3-40（b）所示样式。

3）主干路与支路相交的路口：当支路交通流量大，或是采用信号灯控的，主干路方向的告知标志优选图 3-40（b）所示样式，当受到道路空间限制时，可采用图 3-40（e）所示样式；非灯控或交通流量小的支路，只需要告知相交支路名称，主路方向采用图 3-40（e）所示样式。

（2）主线道路为次干路

1）次干路方向的版面优选设有近点信息的标志版面，如图 3-40（b）所示的样式。

2）次干路与主干路、次干路与次干路相交路口：次干路方向的告知标志优选图 3-40（b）所示的样式，如果该路口交通流量较大，可采用图 3-40（a）所示的样式。

3）次干路与支路相交的路口：当支路交通流量大，或是采用信号灯控的，次干路方向的告知标志优先采用图 3-40(b)所示的样式,当受到空间限制时,可采用图 3-40(e)所示的样式;非灯控或交通流量小的支路,只需要告知相交支路名称,主路方向采用图 3-40(e)所示的样式。

(3)主线道路为支路

1)支路与主干路、支路与次干路相交路口:如果路口为信号灯控制路口时,或交通流量较大时,支路方向的告知标志优选图 3-40(b)所示的样式,当受到道路空间限制时,可采用图 3-40(e)所示的样式;如果为非信号灯控制路口或交通流量相对较小的,优选图 3-40(e)所示的样式。

2)支路与支路相交路口:无论是灯控还是非信号灯控制路口,支路方向的告知标志优选图 3-40(e)所示的样式。如果路口为灯控,且交通流量大、道路空间足够时,可采用图 3-40(b)所示的样式。

同样,在图 3-40(a)、(b)所示的样式中的箭头形状也应该与实际交叉路口的形状一致,对于畸形交叉路口可参照图 3-38 所示样式设置。当前方路口为立交或路口过于复杂,采用图形化不易识别时,告知标志可采用图 3-40(c)、(d)所示的样式。

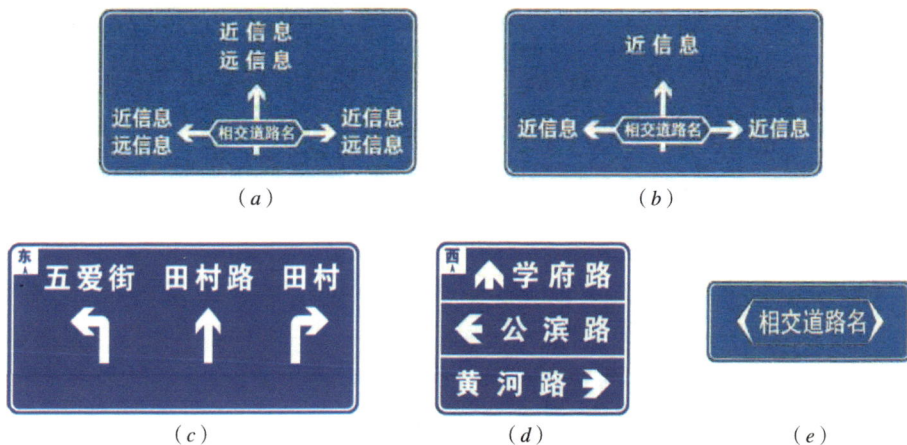

图 3-40　交叉路口告知标志的版面样式

主线道路标志版面样式配置表　　　　　　　　　表 3-12

主线道路	被交道路	主线道路版面样式	主线道路	被交道路	主线道路版面样式
主干路	主干路	图 3-40(a)、(b)	支路	主干路	图 3-40(e)
	次干路	图 3-40(a)、(b)		次干路	图 3-40(e)
	支路	图 3-40(e)		支路	图 3-40(e)
	支路(流量大或灯控)	图 3-40(b)、[(e)]		支路(流量大或灯控)	图 3-40(e)、[(b)]

续表

主线道路	被交道路	主线道路版面样式	主线道路	被交道路	主线道路版面样式
次干路	主干路	图3-40（b）、[（a）]	支路（流量大或灯控）	主干路	图3-40（b）、[（e）]
	次干路	图3-40（b）、[（a）]		次干路	图3-40（b）、[（e）]
	支路	图3-40（e）		支路	图3-40（e）、[（b）]
	支路（流量大或灯控）	图3-40（b）、[（e）]		支路（流量大或灯控）	图3-40（e）、[（b）]

注：表中中括号内为可选版面样式。

例如，瑞士某条道路出口处设置的标志，采用了类似图3-40（c）、（d）所示的样式，按照车道给出了前方将到达的目的地信息。同时，采用了三种不同颜色的底板告知信息的远近，如图3-41所示。

图3-41 瑞士告知标志样式示例

4.确认标志版面样式及选用

（1）主线道路为主干路：应设置街道名称标志、路名牌标志。

（2）主线道路为次干路：应设置路名牌标志，可根据情况设置街道名称标志。

（3）主线道路为支路：应设置路名牌标志。

（4）当需要对前方道路及距离信息进行预告时，采用图3-42(c)所示的地点距离标志。

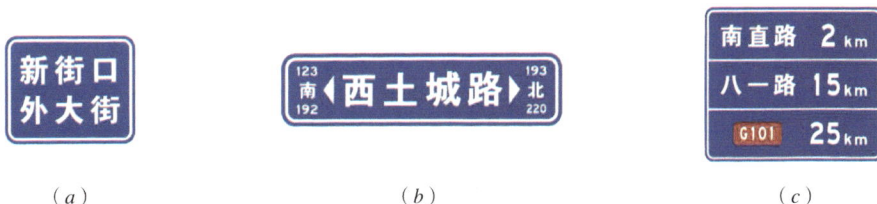

（a）　　　　　　　　　　（b）　　　　　　　　　　（c）

图3-42 确认标志的版面样式示例

（a）街道名称；（b）路名牌；（c）地点距离

5. 其他版面构成要素

（1）地理方向信息

1）为便于观察，地理方向信息可放置在标志板的左上角或右上角。考虑到避免标志被遮挡、从左向右的视认习惯等因素，建议放置在标志板的左上角。

2）当版面的其他道路信息、图形箭头较为复杂时，因版面信息布置空间受限，地理方向信息可视情况放置在标志合适位置，如左下角、右下角。

（2）距离信息

标志中设置距离信息时，距离的确定方法如下：

1）指示信息为道路信息时，如果所指示道路与当前道路相交，则距离为标志设置点至相交路口的间距，如图 3-43（a）所示；如果是通过其他道路连接到指示道路，则距离为标志设置点至连接道路与指示道路路口的间距，如图 3-43（b）所示。

2）指示信息为地区信息，则距离为标志设置点至该地区的主要出入口或外围最近的路口间距，如图 3-43（c）、（d）所示。

3）指示信息为旅游景区、交通枢纽等较大型重要地物时，则距离为标志设置点至建筑物本身或是外围最近的路口间距，如图 3-43（e）、（f）所示。

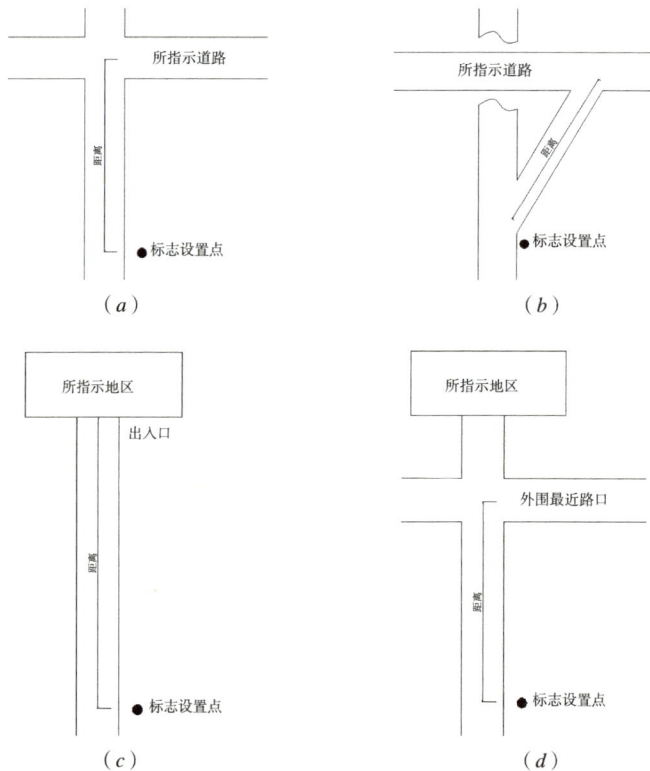

图 3-43 距离确定示例（一）

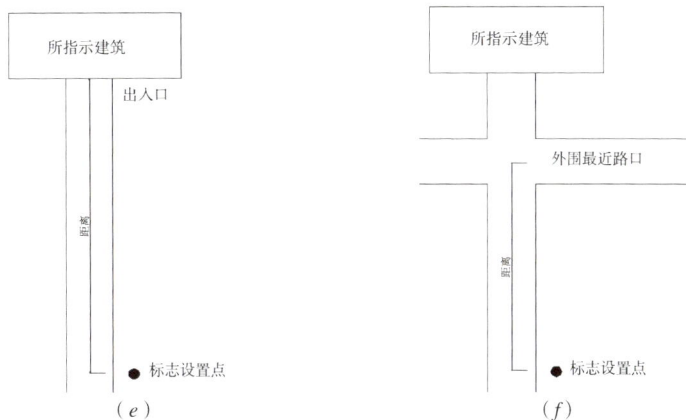

图 3-43 距离确定示例（二）

标志中设置有距离的，其距离取值按照下述方式确定：

1）距离小于 1km 时，宜用米作为单位，采用 50m 的整数倍；

2）距离大于 1km、小于 3km 时，宜用千米为单位，采用 0.1km 的倍数；

3）距离大于或等于 3km 时，宜用千米为单位，采用 1km 的倍数。

3.4.3 信息选取

1. 城市道路交通信息的分类

城市道路需要指示的交通信息量较大，但是受到标志版面尺寸的限制以及驾驶人在短时识别信息能力的限制，指路标志应指示相对重要的交通信息。因此，需要依据信息的重要程度、道路的服务对象，对交通信息进行筛选。各地应结合当地的实际情况对城市道路交通信息进行分层，参照表 3-13。

城市道路交通信息分层表　　　　　　　　　　　　　表 3-13

信息类型	A 层信息	B 层信息	C 层信息
路线名称信息	高速公路、国道、快速路	省道、主干路	次干路、支路
地区名称信息	重要地区，含城市中心区、市政府、大学城区、大型商业区、城市休闲娱乐中心区、著名地区等	主要地区，含大学、重要商业区、大型文化广场、中型商业区、主要生活居住区等	一般地区，含重要街道、一般生活居住区等
交通枢纽信息	飞机场、特等或一等火车站	二等或三等火车站、长途汽车总站、轮渡码头、大型环岛、大型立交桥、特大桥梁	重要路口
文体、旅游信息	国家级旅游景区、自然保护区、大型文体设施	省市级旅游景点、自然保护区、博物馆、文体场馆	县（区）级旅游景点、博物馆、纪念馆、文体中心
重要地物信息	国家级产业基地、大型城市标志性建筑	省、市级产业基地、市级文体场馆、科技园	县（区）级产业基地和企业、县文化中心

2. 信息选取

由于同一地点所涉及的信息可能包括多种信息，在信息选取时：

（1）先应根据相交道路等级，来确定所选择的信息层，即不同路口应该优先选择不同层级的信息。一般按照表 3-14 选取。

信息要素选择配置表   表 3-14

标志位置 道路等级	主线道路	被交道路		
		主干路	次干路	支路
主干路	（A层）、B层、C层	（A层）、B层、C层	（A层）、B层、C层	（B层）、C层
次干路	（A层）、B层、C层	（A层）、B层、C层	（A层）、B层、C层	（B层）、C层
支路	（B层）、C层	（A层）、B层、C层	（A层）、B层、C层	（B层）、C层

注：1. 表中不带括号的信息为优先选择的信息；带括号的信息适用于无优先信息时，可根据需要作为选择的信息。
2. 当接近首选信息所指示的地点时，该信息作为第一个信息；如需选取第二个，则仍按本表的顺序筛选。

1）主线道路为主干路：标志版面上优先设置远点和近点信息。建议如果有 A 层远点信息时，则选择 A 层信息，如无则选择 B 层信息；近点信息采用 B 层信息，如近点信息中有重要的 C 层信息时，可选用 C 层信息。

2）主线道路为次干路：次干路与主干路、次干路与次干路相交的路口，则标志版面上优先设置近点信息，近点信息选用 B 层信息，当 C 层信息相对重要时可选用；如在次干路的标志上设置了远点和近点信息，远点信息优先选用 B 层信息，可根据情况选用 A 层信息，近点信息则选用 C 层信息。

3）主线道路为支路：相交道路为主干路、次干路，且版面上优先设置了近点信息，则优先选用 C 层信息。

（2）在确定优选的信息层后，再根据实际的前方信息所在的层和类型进行选取，选取应遵循以下的原则：

1）当同一方向有同层多类信息时，按照表 3-13 中的信息类型由上至下进行选取。

2）当同一方向有多个 C 层信息时，应综合考虑交通吸引量等因素选取相对重要的信息。例如：某一支路与支路相交的路口，前方所到达的目的地，有同为 C 层信息的支路公园路和区政府，两信息相比较而言，区政府的信息相对重要，因此选择区政府作为告知信息。

3）当同一方向有同层同类信息时，按照由近到远顺序选择。例如，某主干路与主干路相交的路口，前方到达的有同属于 B 层信息的主干路湖滨路、建筑路，其中湖滨路距离路口较近，则选择湖滨路作为告知信息。

4）当同一方向有多层同类信息时，按照由近到远顺序选择。例如，某主干路与主干路相交的路口,前方到达的有属于 B 层信息的主干路湖滨路,C 层信息的支路团结路,两信息均为路线名称信息，参照表 3-14 同为优选信息。其中团结路距离路口较近，则选择团结路作为告知信息。

5）当同一方向有多层多类信息时，应根据信息类型由上至下顺序选择，然后对同一类信息再由近到远顺序选择。例如，某一主干路与主干路相交路口，前方到达的有属于 A 层路线名称信息类的 312 国道，B 层路线名称信息类的主干路湖滨路，属于 B 层交通枢纽信息的云景立交,属于 C 层的次干路建筑路,且该支路的交通流量相对较大。由于主干路的版面需要设置远点信息和近点信息,在这四类信息中,A 层信息相对重要,且距离最远，因此选择 A 层信息 312 国道为远点信息。B 层信息和 C 层信息中，遵循按照信息类型由上至下选择的原则，首选 B 层信息湖滨路和 C 层信息建筑路，其次在这两类信息中，由于建筑路距离路口较近，因此选择 C 层信息建筑路为近点信息。

（3）指路标志的信息应该连续、系统:

1）预告标志和告知标志中设置了远点信息时: 到达目的地前的主要途经路口的预告标志或告知标志中，只要设置了远点信息的，其远点信息都应一致，且在目的地处应设置街道名称标志、路名牌标志进行确认。如果受道路空间限制,需要压缩标志尺寸,无法设置远点信息时，可采用在路段中设置地点距离标志补充。

2）预告标志和告知标志中设置了近点信息时: 在到达目的地处应设置街道名称、路名牌等标志进行确认。

【案例3-22】某一路口的前方预告标志中显示，靠右侧行驶能到达苏州、硕放，但在其后的告知标志中，靠右侧行驶的告知标志中，没有"苏州"的指路信息，如图 3-44 所示。

（a）

（b）

图 3-44 指路标志信息不连续问题案例（案例 3-22）

（a）预告标志；（b）出口标志

【解析】《道路交通标志和标线 第 2 部分：道路交通标志》GB 5768.2—2009 第 7.1.6 条规定，指路标志信息选取应遵循以下原则：关联、有序；便于不熟悉路网的道路使用者顺利到达目的地；信息量适中。该案例中，预告标志中的信息在告知标志中没有出现，指路信息不连续，容易导致驾驶人误以为走错路，或是作出错误的判断没有及时右转。该案例中，应该在告知标志中增加"苏州"的交通信息。

3.4.4 快速路出入口标志

1. 入口指引

（1）主要标志标线（见表 3-15）

与快速路入口指引相关的交通标志标线　　　　表 3-15

序号	名称		图例	说明
1	入口预告标志		沪闵高架路 莘庄立交方向 入口 500m ↑	预告前方有快速路入口及距离
2	入口标志		沪闵高架路 莘庄立交方向 入口 ↑	告知所在位置为快速路入口
3	入口处地点、方向标志		↖莘庄立交	告知行驶方向所能到达的目的地
4	地点距离标志		秀沿路 500m 秀浦路 1.5km 上南路 3km	告知前方所能到达的目的地和距离
5	路名标志		北翟快速路	告知当前所在快速路的名称
6	注意合流标志	注意左侧合流	△	表示注意道路左侧有车流汇入主路
7		注意右侧合流	△	表示注意道路右侧有车流汇入主路
8	道路入口标线			规范驶入车辆的运行轨迹
9	减速让行标志标线			表示车辆在路口处要减速慢行，让干路车辆先行

（2）设置方法

1）城市快速路应设置入口预告标志，一般在快速路入口 2～10km 的范围内进行预告。在距离入口连接线前适当位置设置入口预告标志，如图 3-45（a）所示；在前方 500m 处、200m 处应设置 500m、200m 的预告标志，如图 3-45（b）、（c）所示；在快速路周边 2km 范围内，应单独设置入口预告标志，如图 3-45（d）所示；在快速路周边 2～5km 范围内，可结合指路标志设置入口预告标志，如图 3-45（e）所示；在快速路周边 5～10km 范围内，根据需要设置入口预告标志。

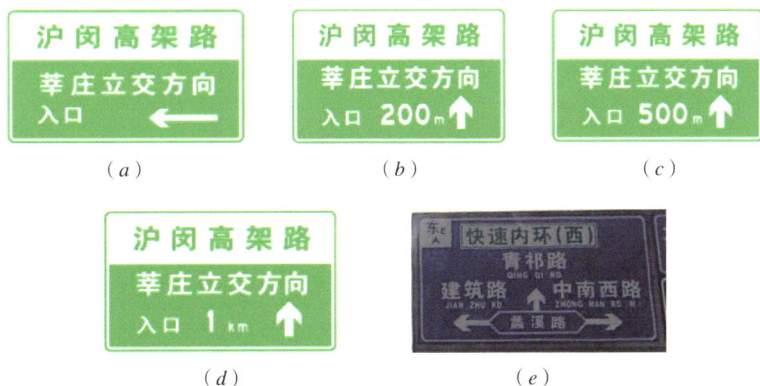

图 3-45　入口预告标志样式示例

2）城市快速路入口起点处应设置入口标志，告知快速路的路名、方向等信息。

3）入口处地点、方向标志，地点距离标志，路名标志等标志可根据情况设置。当入口匝道在并入快速路主线前，有分流点时，则在其分流点前方设置入口处地点、方向标志。

4）入口并入快速路主路的三角地带处应设置出入口标线，当辅路并入主路时，如果没有设置加速车道或加速车道较短，或入口匝道与出口匝道间距过短，可在辅路上设置减速让行标志标线。

5）在快速路主路方向，应设置注意合流标志，警告驾驶人注意前方为入口匝道，有车辆汇入。

例如，某条快速路入口匝道的前方路网中设置了入口预告标志，对入口匝道进行预告，在此以 500m 处的出口预告标志作为示例，如图 3-46（a）所示；在入口匝道处设置了入口标志，如图 3-46（b）所示；由于快速路入口匝道起点处是地面主路和入口匝道的分流点，因此设置了地面道路地点、方向标志，如图 3-46（c）所示；在匝道并入主线处，设置了地点距离标志和路名标志，如图 3-46（d）所示。

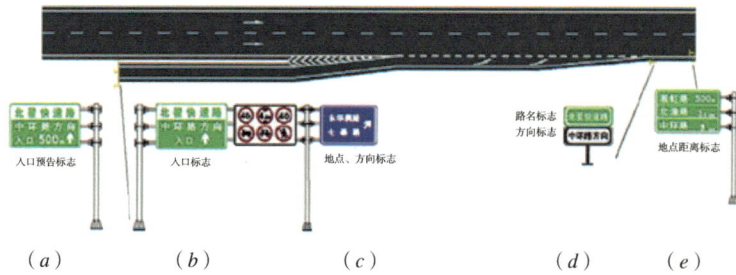

图 3-46　快速路入口指引示例

注：由于版面限制，入口预告标志仅标示 500m 处的入口预告标志作为示例。

2. 出口指引

（1）主要标志标线（见表 3-16）

与快速路出口指引相关的交通标志标线　　　　　表 3-16

序号	名称	图例	说明
1	出口预告标志	南北高架路 复兴路 北京路 500m ↗	预告前方出口匝道及距离
2	出口标志	罗山路 ↗	告知所在出口到达的目的地
3	下一出口标志	下一出口 江苏路 3km	预告下一出口到达的目的地及与距当前所在出口的距离
4	出口处地点方向标志	南北高架路 北京路方向 ↗	设在二级分流点的出口匝道处，告知行驶方向能到达的目的地
5	地面文字标记	路 江 长	告知驾驶人当前车道所能到达的目的地
6	道路出口标线		规范驶出车辆的运行轨迹

（2）设置方法

1）快速路出口应设置出口预告标志。一般情况下，根据《城市道路交通标志和标线设置规范》GB 51038—2015 第 9.7.2 条的规定，出口预告标志至少要实行 4 级预告的方式设置，即在距离出口匝道渐变段起点处的 2km、1km、500m 和起点处设置相应的预告标志，其样式如图 3-47 所示。在出口预告标志中，其信息宜选取 2 ~ 3 个，其中一个信息必须与"下一出口预告标志"上的地名信息一致。

图 3-47　出口预告标志样式示例

但是城市快速路建造中，由于受到建筑物位置、土地规划等因素制约，存在相邻出口匝道之间间距不足 2km、甚至不足 500m 的情况。在此情况下，需要根据实际调整出口预告标志的位置。可遵循下述原则：

当出口间距大于 1km、小于 2km 时，缩短 2km、1km 出口预告标志之间的间距，或是减少一级预告级数；

当出口间距大于 500m、小于 1km 时，采用 3 级预告，且缩短预告标志之间的间距；

当出口间距小于 500m 时，建议可在距离出口前 300m、减速车道起点处设置，但必须在前一出口的前方路段上设置包含该两个出口在内的多出口信息预告的地点距离标志，如图 3-48 所示。

2）快速路出口分流点处，应设置出口标志，告知当前出口所连接的道路或是到达的目的地信息，其信息应与出口预告标志的信息保持一致。

3）在当前出口的前方还有出口时，应在出口匝道的分流点处，与出口标志并设下一处出口标志。为与出口标志进行区别，下一出口标志需要告知下一出口的地名、距离的同时，版面中必须设置"下一出口"的文字，如图3-49所示。

图3-48　多出口信息预告的地点距离标志示例

图3-49　下一出口标志设置示例

4）如果出口匝道有二级分流的，应该在分流点处设置出口地点方向标志，如图3-50所示。

图3-50　出口地点方向标志设置示例

5）当出口间距过短，或是复杂立交的出口，为提高驾驶人对出口的识别程度，可设置地面文字标记，提醒驾驶人选择出口匝道对应的车道。

例如，某快速路出口匝道，且有二级分流点。在渐变段起点前方相应的位置设置出口预告标志，在此仅以 500m 处的出口预告标志作为示例，如图 3-51（*a*）所示；在渐变段起点处设置 0m 处的出口预告标志，如图 3-51（*b*）所示；在一级分流点处设置了下一出口标志和出口标志，如图 3-51（*c*）、（*d*）所示；在二级分流点处设置了出口地点方向标志如图 3-51（*e*）所示。

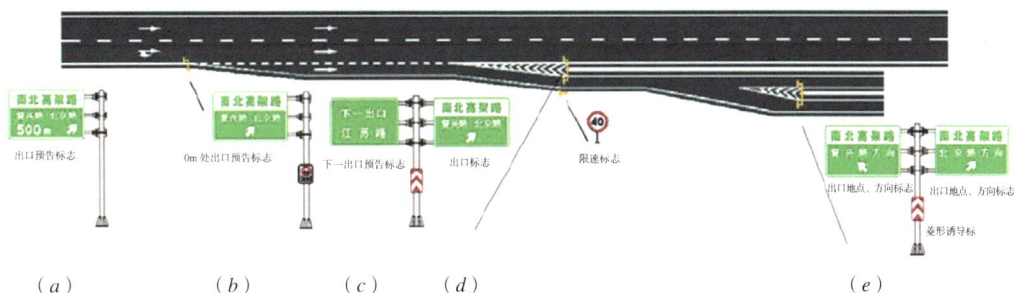

图 3-51　快速路出口指引示例

注：由于版面限制，出口预告标志仅显示 500m 处的出口预告标志作为示例。

3. 其他

（1）快速路入口、出口指引的交通信息，应该连续、系统。

（2）同一城市中的所有快速路标志的版面样式、出入口指引相关标志的设置方式应统一。

（3）快速路标志的信息选取时，应优选重要的道路、交通枢纽等信息，即优选表 3-13 中的 A 层、B 层信息。

（4）快速路标志的版面样式应简洁，能够让驾驶人在较高速度时能够准确识别信息，避免出现疑惑。特别对一些复杂的立交，建议采用图 3-52 所示的版面样式，并可以通过地面文字标记进行重复提醒。

图 3-52　分车道指示交通信息示例

（5）当快速路的出入口间距、出口与出口间距过短，但同时需要重复设置一些指引标志牌时，可利用中央隔离带，在左侧设置标志。

例如,某隧道出口与盛岸路出口、惠钱路出口相距较近。在此种特殊的路段中,需要在隧道入口前方设置出口预告标志,为加强对两个出口的识别,在中央绿化隔离带上设置了出口预告标志,同时设置了地面文字标记加强引导,如图 3-53 所示。

(a)

(b)

图 3-53 出口预告标志重复设置示例

【案例 3-23】某一条快速路上,在出口分流点处均设置了下一出口标志和出口标志,在图 3-54(a)中的下一出口标志中有下一出口名称、距离和"下一出口"的字样;图 3-54(b)中的下一出口标志未出现"下一出口"的字样。同一条道路上的下一出口标志的版面不一致。

(a)

(b)

图 3-54 同一条快速路上同一类型标志的版面不一致问题案例(案例 3-23)

【解析】在同一条道路上,标志的版面、设置方式应该统一,该案例中同一类型的标志样式不一样,在高速行驶过程中驾驶人就很难快速地区别不同的标志。而且在图

3-54（b）中，下一出口标志和出口标志的版面样式相近，驾驶人很容易混淆。因此，该条道路上同一类型的标志应采用同种版面，不同类型标志版面样式应该进行区别设置，使驾驶人能够快速识别获得有效信息。该案例中，建议将图3-54（b）中的下一出口标志的样式调整为图3-54（a）中的样式。

【案例3-24】图3-55为某一快速路出口的1.3km和500m处的出口预告标志，在1.3km处预告前方出口能到达新星路和联丰路，在500m预告标志中没有出现联丰路。

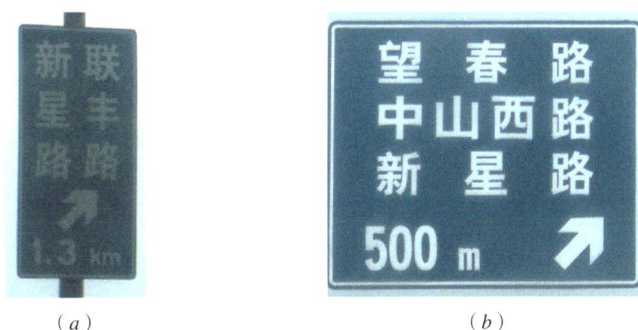

（a）　　　　　　　　　　　（b）

图3-55　快速路出口预告标志信息不连续问题案例（案例3-24）

【解析】出口预告标志是通过递进方式来重复预告前方出口的信息，确保驾驶人不错过出口，能够便捷、准确地到达目的地。但是该案例中，两个位置设置的预告信息不一致，特别是在1.3km中出现的联丰路信息，在500m处却没有出现，就会让驾驶人疑虑是否错过了联丰路的出口。图3-55（a）、（b）标志中的信息应该统一。

3.5　速度控制相关

3.5.1　限速路段

1. 相关标志标线（见表3-17）

与路段限速相关的交通标志标线　　　　　　　　　表3-17

序号	名称	图例	说明
1	限制速度标志	（40）	表示该标志至前方解除限制速度标志或另一块不同限速值的限制速度标志的路段内机动车行驶速度（单位为km/h），不准超过标志所示数值

序号	名称	图例	说明
2	解除限制速度标志		表示限速路段结束
3	区域限制速度标志		表示该标志至前方区域解除限制速度标志或另一块不同限速值的限制速度标志的区域内机动车行驶速度（单位为km/h），不准超过标志所示数值
4	区域解除限制速度标志		表示限速区域结束
5	交通监控设备标志		告知驾驶人前方实施交通监控执法
6	地面限速标记		告知驾驶人当前道路实施限速管理和相应的限速值

2. 限速值的确定

限速值的确定应以道路的设计速度为基础，根据道路功能、运行速度（V85）、法定速度、交通环境等综合论证。可参考以下原则：

（1）最高限速值一般采用设计速度。

（2）可根据道路条件适当放宽，以限速区段内代表路段的运行速度（V85）为基础，在其上下 5～10km/h 范围内取值。但是放宽后，道路的各项技术指标应符合最高限制速度对应的技术要求。选取的代表路段应避开信号灯控制路口。

（3）设计速度和运行速度（V85）确定的最高限制速度的差值超过 20km/h 时，应进一步分析、观测和调整。在保证安全的前提下，当运行速度大于设计速度且超过 20km/h 时，可基于运行速度向下浮动 5～10km/h 确定最高限制速度值。

（4）限速值取 5km/h 的整数倍。

3. 设置方法

（1）路段限速

1）在路段限速的起始点设置限制速度标志，在结束点设置解除限制速度标志或是新限速值的限制速度标志。

2）长路段限速时，需要在路段中重复设置限制速度标志，当道路断面发生变化、通过路口时，在起始点处重复设置限制速度标志。可根据驾驶人对交通标志信息记忆时间与最高限速值乘积确定标志重复设置的间隔，根据对驾驶人短时记忆衰减研究，交通标志信息保持时间约为 25~50s。同时，还可采用辅助标志说明限速路段长度。

3）如果一条路段对最低行驶速度有要求，设置了最低限制速度标志时必须设置最高限制速度标志。如图 3-56 所示，某条道路的最低限速为 50km/h，最高限速为 80km/h。

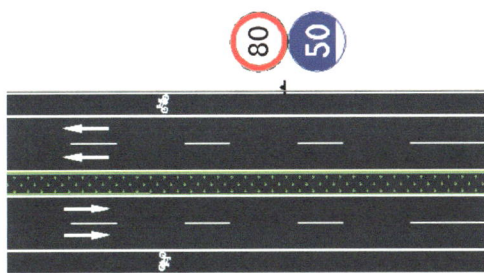

图 3-56　最低限制速度路段标志设置示例

（2）区域限速

应在限速区域的所有入口处设置区域限制速度标志，在区域的所有出口处设置区域解除限制速度标志或是新限速值的限制速度标志，如图 3-57 所示。

图 3-57　区域限速设置示例

137

（3）限速路段采用非现场执法

应在执法设备的上游50～200m范围内设置交通监控设备标志，同时可采用辅助标志告知驾驶人"超速抓拍"，如图3-58所示。

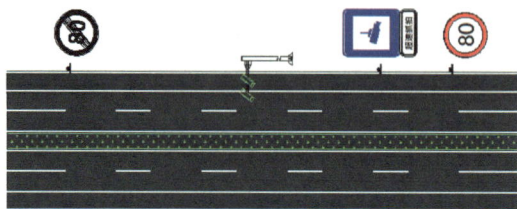

图3-58　超速抓拍标志设置示例

3.5.2　设置减速垄和减速丘路段

1. 相关标志标线（见表3-18）

与设置减速垄和减速丘相关的交通标志标线　　　　　　　　　　表3-18

序号	名称		图例	说明
1	路面高突标志			提醒驾驶人前方路面高突，减速行驶
2	减速丘标线	大型减速丘标线		采用反光标线，设置在减速丘上
		小型减速丘标线		采用反光标线，设置在减速丘边缘
		减速丘预告标线		采用反光标线，设置在减速丘前

国内道路上最为常见的是减速垄，如图3-59（a）所示，减速丘的样式如图3-59（b）、（c）所示。

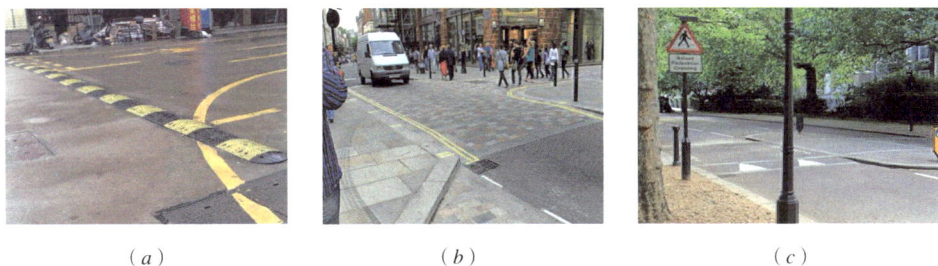

（a）　　　　　　　　　　　（b）　　　　　　　　　　　（c）

图 3-59　减速垄和减速丘样式示例

（a）减速垄;（b）大型减速丘;（c）小型减速丘

2. 设置方法

（1）在设置减速垄路段前方,设置路面高突标志,提示驾驶人减速慢行。如图 3-60 所示,路口设置了减速垄,在前方设置了路面高突标志。

图 3-60　减速垄的路面高突标志设置示例

（2）设置减速丘的路段,应根据减速丘的大小,选择相对应的标线,便于驾驶人识别减速丘所在位置。同时,应在前方设置路面高突标志,提示驾驶人减速慢行。大型减速丘设置示例如图 3-61（a）所示,小型减速丘设置示例如图 3-61（b）所示。

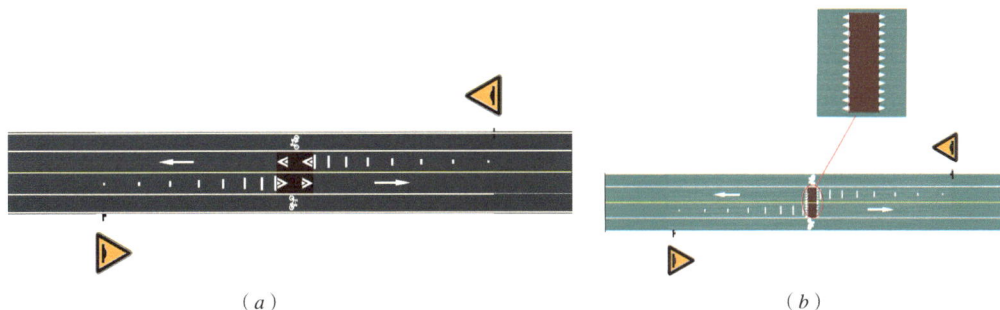

（a）　　　　　　　　　　　　　　　　　　　　（b）

图 3-61　减速丘标志标线设置示例

（a）大型减速垄;（b）小型减速丘

例如，国外的一个减速丘，与人行横道组合设置，在减速丘上设置了减速丘标线，在前方设置了路面高突标志和注意行人标志，如图 3-62 所示。

（a）　　　　　　　　　　　　　　　（b）

图 3-62　与减速丘相关标志标线设置示例

（a）减速丘标线；（b）相关标志

3.6　安全警告相关

3.6.1　弯道处信号灯控制路口

1. 相关标志标线（见表 3-19）

弯道信号灯控制路口设置的相关交通标志标线　　　　　　　　表 3-19

序号	名称		图例	说明
1	注意信号灯标志			提醒驾驶人前方有信号灯控制路口
2	车行道减速标线	横向减速标线		横向布置于车行道内
		纵向减速标线		纵向布置于车行道边缘内侧

2. 设置方法

弯道前方为一信号灯控制路口时，由于视距不足，驾驶人不易发觉前方路口为信号灯控制路口。因此，应设置注意信号灯标志，提醒驾驶人注意观察信号灯，标志提前设置距离参照表3-20，可采用距离辅助标志加以说明。同时，为提醒驾驶人降低行驶速度，可设置减速标线。

警告标志前置距离 表3-20

速度（km/h）	条件A	条件B										
	0	10	20	30	40	50	60	70	80	90	100	110
40	※	※	※	※	—	—	—	—	—	—	—	—
50	※	※	※	※	※	—	—	—	—	—	—	—
60	30	※	※	※	※	—	—	—	—	—	—	—
70	50	40	30	※	※	※	※	—	—	—	—	—
80	80	60	55	50	40	30	※	※	—	—	—	—
90	110	90	80	70	60	40	※	※	※	—	—	—
100	130	120	115	110	100	90	70	60	40	※	—	—
110	170	160	150	140	130	120	110	90	70	50	※	—
120	200	190	185	180	170	160	140	130	110	90	60	40

注：1. 条件A指道路使用者有可能停车后通过警告地点，如注意信号灯标志、交叉口警告标志等。

2. 条件B指道路使用者减速后通过警告地点，如急弯路标志、连续弯路标志等。

3. ※指不提出具体建议值，可视具体条件确定。

例如，某弯道前方有一个信号灯控制路口，由于视距不足，驾驶人在弯道处无法观察到路口情况，因此在其前方设置了注意信号灯标志，并设置了距离辅助标志，提醒驾驶人前方路口为信号灯控制路口，如图3-63所示。

图3-63 弯道信号灯控制路口标志设置示例

3.6.2 急弯路段

1. 相关标志标线（见表 3-21）

急弯路段设置的相关交通标志标线 表 3-21

序号	名称	图例	说明
1	急弯路标志		提醒驾驶人前方有急弯路段，需要减速慢行
2	反弯路标志		提醒驾驶人前方有反弯路段，需要减速慢行
3	连续弯路标志		提醒驾驶人前方有连续弯路段，需要减速慢行
4	禁止超车标志		告知驾驶人路段禁止超车
5	解除超车标志		告知驾驶人禁止超车路段结束
6	限制速度标志		表示该标志至前方解除限制速度标志或另一块不同限速值的限制速度标志的路段内机动车行驶速度（单位为 km/h），不准超过标志所示数值
7	解除限制速度标志		告知驾驶人限速路段结束
8	鸣喇叭标志		告知驾驶人应鸣喇叭，以提醒对向车辆驾驶人注意并减速慢行
9	线形诱导标		引导行车方向，提示道路线形变化
10	禁止跨越对向车行道分界线		告知驾驶人此路段禁止跨越到对向车道

序号	名称		图例	说明
11	禁止跨越同向车行道分界线			告知驾驶人此路段禁止跨越到同向车道
12	车行道减速标线	横向减速标线		横向布置于车行道内
		纵向减速标线		纵向布置于车行道边缘内侧
13	路面限速标记			告知驾驶人当前道路实施限速管理和相应限速值

2.设置方法

（1）急弯路前方应设置相应的警告标志，前置距离参见表3-20。可设置辅助标志对弯道长度和弯道半径等进行说明。

（2）急弯路处应设置禁止超车标志，禁止车辆在弯道处超车，并在弯道结束处设置相应的解除禁止超车标志。同时，地面标线也应设置禁止跨越对向车行道分界线和禁止跨越同向车行道分界线。

（3）对急弯路行驶车辆有速度要求时，应设置限制速度标志，可设置车行道减速标线提醒车辆减速，还可设置路面限速标记对前方道路的限速要求进行重复提示。在弯道结束处，应配套设置解除限制速度标志，或新限速值的限制速度标志。

（4）在急弯路处可设置线形诱导标对行驶的路线进行引导。一般情况下，保证道路使用者在弯道处能够连续观察到不少于3块线形诱导标。如果弯道的偏角小于或等于7°，且视距良好，能够观察到对向来车时，可在曲线中心处设置一块线形诱导标。在匝道处设置了线形诱导标的，可不再设置警告标志。

（5）视距不足的急弯路，当不能观察到对向来车时，应在弯道起点处设置鸣喇叭标志，提示驾驶人在进入弯道前鸣喇叭以提醒对向车辆驾驶人注意。有条件的，还可设置反光镜。

例如，某急弯路段弯道偏角较大，驾驶人不易观察到对向车辆，如图3-64所示。弯道处的标志标线设置如下：

1）在其前方设置急弯路标志，提醒驾驶人前方为急弯道路。

2）在弯道起点处，设置了限制速度标志和禁止超车标志，告知驾驶人在弯道处减速行驶和严禁超车。

3）由于弯道的视距不足，不易观察到对向车辆，因此在弯道起点处设置了鸣喇叭标志提示驾驶人在弯道处行车时通过鸣喇叭向对向来车进行示意。

4）弯道内设置了减速标线辅助减速，同时施划禁止跨越对向车行道分界线，严禁变道超车。

5）弯道外侧车道设置了线形诱导标，告知驾驶人道路线形的走向。

6）弯道结束处，配套设置解除限制速度标志和解除禁止超车标志。

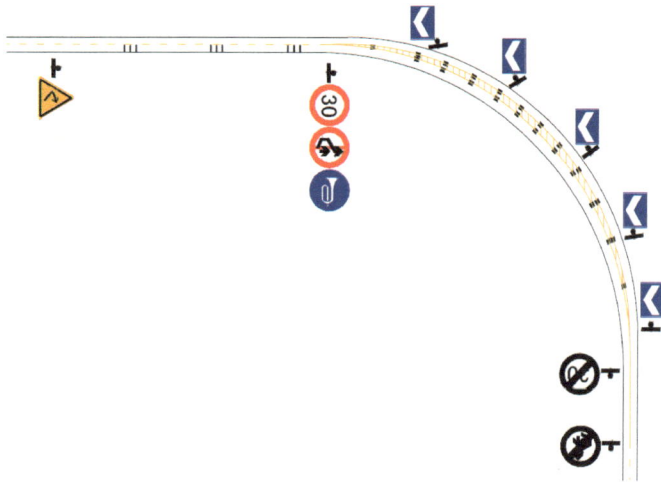

图 3-64　弯道处标志标线设置示例

3.6.3　陡坡路段

1. 相关标志标线（表 3-22）

陡坡路段设置的相关交通标志标线　　　　　表 3-22

序号	名称		图例	说明
1	陡坡标志	上陡坡标志		提醒驾驶人前方为上陡坡路段，需要谨慎行驶
2		下陡坡标志		提醒驾驶人前方为下陡坡路段，需要谨慎行驶
3	非机动车推行标志			告知非机动车驾驶人下车推行

序号	名称		图例	说明
4	电动自行车推行标志			告知电动车驾驶人下车推行
5	禁止超车标志			告知驾驶人路段禁止超车
6	解除禁止超车标志			告知驾驶人禁止超车路段结束
7	限制速度标志			表示该标志至前方解除限制速度标志或另一块不同限速值的限制速度标志的路段内机动车行驶速度（单位为km/h），不准超过标志所示数值
8	解除限制速度标志			告知驾驶人限速路段结束
9	车行道减速标线	横向减速标线		横向布置于车行道内
10		纵向减速标线		纵向布置于车行道边缘内侧
11	禁止跨越对向车行道分界线			告知驾驶人此路段禁止跨越到对向车道
12	禁止跨越同向车行道分界线			告知驾驶人此路段禁止跨越到同向车道
13	路面限速标记			告知驾驶人当前道路实施限速管理和限速值

2.设置方法

（1）下陡坡路段

1）在下陡坡路段起点前方设置警告标志，告知驾驶人前方为下陡坡路段，前置距离参考表3-20。可设置辅助标志对坡道的长度进行说明。

2）下陡坡路段应对车辆行驶速度进行限制，在陡坡起始点设置限制速度标志，同时在坡道结束处应设置解除限制速度标志，或是新限速值的限制速度标志。可在坡段前方设置车行道减速标线提醒减速，还可设置路面限速标记，对限制速度进行重复提示。

3）下陡坡路段应设置禁止超车标志，禁止车辆下陡坡时超车。同时在坡道结束处设置解除禁止超车标志。同时，地面标线也应设置禁止跨越对向车行道分界线和禁止跨越同向车行道分界线。

如图 3-65 中为双向两车道的下陡坡路段：

1）在其前方设置了下陡坡标志，提醒驾驶人前方有下陡坡路段，同时在下陡坡起点设置了减速标线提醒车辆减速。

2）在下陡坡起点处设置了限制速度标志和禁止超车标志，限制车辆速度不超过30km/h，禁止在下坡行驶时超车；同时在下陡坡结束处，配套设置了解除限制速度标志和解除禁止超车标志。

3）此外，由于允许上坡车辆借道超车，下陡坡路段设置了黄色虚实线（上坡一侧为虚线）。

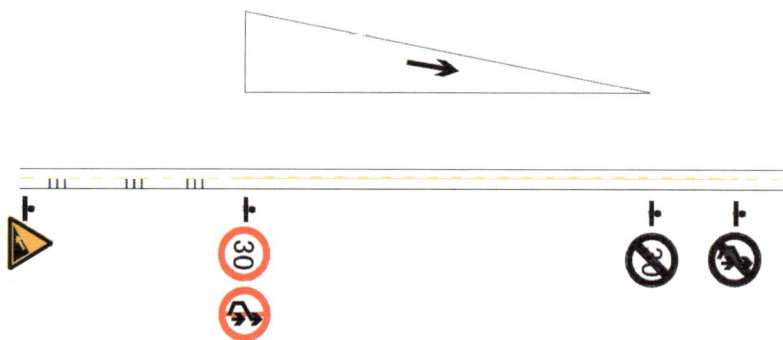

图 3-65　下陡坡标志标线设置示例

（2）上陡坡路段

➤ 在上陡坡路段起点前方设置警告标志，告知前方为上陡坡路段，前置距离参考表 3-20。可设置辅助标志对坡道的长度进行说明。

➤ 上陡坡路段起点应设置禁止超车标志和大型车辆辅助标志，表示上坡图中禁止大型车辆超车，其他车辆可根据实际道路情况确定是否超车。在接近坡顶处，由于坡度原因，驾驶人不易观察到坡顶对向来车，所以一般在坡顶前方约 200m 处，应设置禁止超车标志禁止所有车辆超车，同时在坡顶处配套设置解除超车标志。

如图 3-66 中为双向两车道的上陡坡路段，禁止大货车超车：

1）在其前方设置了上陡坡标志，警示驾驶人前方有一上陡坡。

2）在上陡坡起点处设置禁止超车标志，并用辅助标志说明禁止超车的车辆类型。

3）当车辆在靠近坡顶时，由于不易观察到坡顶的对向来车，在上坡段距离坡顶200m处，应禁止所有车辆超车，因此设置了禁止超车标志。同时，在坡顶处设置解除禁止超车标志。

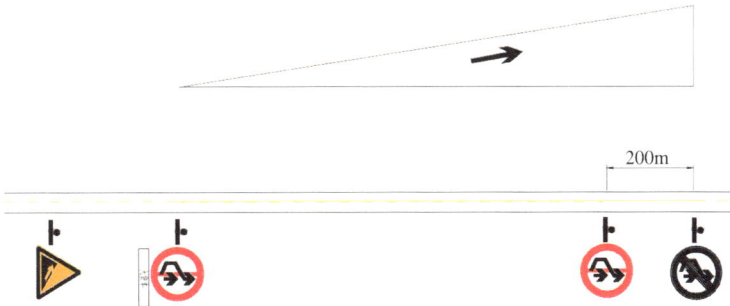

图 3-66　上陡坡标志标线设置示例

3.6.4　道路变窄路段

1. 相关标志标线（表 3-23）

道路变窄设置的相关交通标志标线　　　　　　　　　　　　表 3-23

序号	名称	图例	说明
1	窄路标志		提醒驾驶人注意前方车行道或路面狭窄
2			提醒驾驶人注意前方右侧车行道或路面狭窄
3			提醒驾驶人注意前方左侧车行道或路面狭窄
4	窄桥标志		提醒驾驶人前方桥面宽度变窄
5	建议速度标志		提醒驾驶人按照建议的速度行驶
6	车道数变少标志		告知驾驶人前方道路车道数减少

序号	名称	图例	说明
7	车道数增加标志		告知驾驶人前方道路车道数增加
8	路面（车行道）宽度渐变段标线		提醒驾驶人道路宽度或车道数发生变化
9	导向箭头		告知驾驶人车道的行驶方向

2. 设置方法

（1）车道数发生变化的：

1）同向2车道以上路段车道减少时，应设置车道数变少标志。

2）车道数增加时，应设置车道数增加标志。

3）应设置路面（车行道）宽度渐变段标线，同时可设置导向箭头，对车辆行驶方向进行引导。

（2）道路断面宽度发生变化的：

1）双向两车道的路面宽度缩减至6m以下的道路时，则应设置窄路标志，其前置距离参照表3-20。可设置辅助标志对窄路段长度进行说明。

2）可配套设置建议速度标志或限制速度标志，对车辆通过窄路段时的行车速度进行建议或限制，设置限制速度标志时，窄路终止段应设置相应解除限制速度标志或新限速值的限制速度标志。

3）路面应设置路面（车行道）宽度渐变段标线，可设置导向箭头，对车辆行驶方向进行引导。

（3）桥面宽度发生变化的：

1）当桥面宽度较道路断面缩窄，且桥面宽度为6m以下时，应设置窄桥标志，其前置距离参照表3-20。可设置辅助标志对窄桥的长度进行说明。

2）可配套设置建议速度标志或限制速度标志，对车辆通过窄桥时的行车速度进行建议或限制。设置限制速度标志时，窄桥终止段应设置相应解除限制速度标志或新限速值的限制速度标志。

3）路面应设置路面（车行道）宽度渐变段标线，同时可设置导向箭头，对车辆行驶方向进行引导。

3.6.5 前方障碍物路段

1. 相关标志标线（见表3-24）

前方障碍物路段设置的相关交通标志标线   表 3-24

序号	名称		图例	说明
1	线形诱导标	两侧通行		提示驾驶人道路线形变化，引导车辆避让障碍物靠两侧通行
2		右侧通行		提示驾驶人道路线形变化，引导车辆避让障碍物靠右侧通行
3		左侧通行		提示驾驶人道路线形变化，引导车辆避让障碍物靠左侧通行
4	车道行驶方向	靠两侧通行		告知驾驶人道路两侧均可通行
5		靠右侧通行		告知驾驶人只允许靠道路右侧通行
6		靠左侧通行		告知驾驶人只允许靠道路左侧通行
7	注意障碍物	左侧绕行		提醒驾驶人前方有障碍物，需要减速从左侧绕行
8		右侧绕行		提醒驾驶人前方有障碍物，需要减速从右侧绕行
9		左右侧绕行		提醒驾驶人前方有障碍物，需要减速从两侧绕行
10	禁止驶入标志			表示禁止一切车辆驶入，行人可以通行
11	接近障碍物标线	接近道路中心障碍物		道路中心有障碍物，引导车辆避开障碍物行驶
12		接近车行道中障碍物		车道上有障碍物，引导车辆避开障碍物行驶
13	立面标记			提醒驾驶人注意高出路面的障碍物

2. 设置方法

（1）障碍物在道路中心

1）在接近障碍物的前方，设置靠右侧绕行的注意障碍物标志，提醒驾驶人前方道路中心有障碍物。标志的前置距离参照表3-20。

2）如障碍物为桥墩、路灯灯杆、广告牌立柱、古树木、安全岛等，应施划黄色接近道路中心障碍物标线，并可在障碍物上设置立面标记，指引驾驶人绕过障碍物。

3）在障碍物端头处，设置车辆行驶方向标志。道路线形发生改变的，根据通行方向，可设置竖向安装的线形诱导标和立面标记。

4）为防止车辆错误驶入对向车道，可在对向车道上设置禁止驶入标志，如图3-67所示。

图3-67　绿化带端头标志设置示例

（2）障碍物在车行道上

1）在接近障碍物的前方，根据绕行的方向设置对应的注意障碍物标志，提醒驾驶人前方道路上有障碍物。标志的前置距离参照表3-20。

2）如障碍物为桥墩、路灯灯杆、广告牌立柱、古树木、安全岛等时，应施划白色接近车行道中障碍物标线，并可在障碍物上设置立面标记，引导驾驶人绕过障碍物。

3）在障碍物端头处，设置车辆行驶方向标志，道路线形发生改变的，依据通行方向，可设置竖向安装的线形诱导标和立面标记。

例如，某路段在同向车道上设置了绿化带，因此施划白色接近车行道中障碍物标线，同时绿化带端头上设置了两侧通行线形诱导标，如图3-68所示。

图 3-68 车道上有障碍物时标志标线设置示例

3.6.6 涵洞路段

1. 相关标志标线（见表 3-25）

涵洞路段设置相关的交通标志标线 表 3-25

序号	名称		图例	说明
1	线形诱导标	两侧通行		提示驾驶人道路线形变化，引导车辆避让障碍物靠两侧通行
2		右侧通行		提示驾驶人道路线形变化，引导车辆避让障碍物靠右侧通行
3		左侧通行		提示驾驶人道路线形变化，引导车辆避让障碍物靠左侧通行
4	车辆行驶方向标志	靠两侧通行		告知驾驶人道路两侧均可通行
5		靠右侧通行		告知驾驶人只允许靠道路右侧通行
6		靠左侧通行		告知驾驶人只允许靠道路左侧通行
7	限高标志			告知驾驶人涵洞对过往车辆的高度限制

151

续表

序号	名称		图例	说明
8	绕行标志		八一路 中山路	用于对预告前方道路的交通管制措施，提示车辆、行人提前绕行
9	接近障碍物标线	接近道路中心障碍物		道路中心有障碍物，引导车辆避开障碍物行驶
10		接近车行道中障碍物		车道上有障碍物，引导车辆避开障碍物行驶
11	立面标记			提醒驾驶人注意高出路面的障碍物

2. 设置方法

（1）涵洞对通行车辆的高度有限制时，必须设置限高标志。可在涵洞洞口的侧墙端面设置立面标记，提醒驾驶人注意。

（2）由于被限制车辆如不提前绕行则无法通行，应在涵洞前方的路口或路段适当位置，设置相应的预告或绕行标志。

例如，某桥梁的下穿涵洞高度较低，设置了限高标志。同时，涵洞中央有桥墩，在桥墩的前方设置了接近道路中心障碍物标线，引导驾驶人绕道行驶，并在桥墩上设置了右侧通行的线形诱导标和靠右侧通行的车辆行驶方向标志，如图 3-69 所示。

图 3-69　桥下涵洞标志标线设置示例

3.7　路口交通渠化相关

3.7.1　设置渠化岛路口

1.相关标志标线（见表3-26）

渠化岛设置相关的交通标志标线　　　　　　　　　　表3-26

序号	名称		图例	说明
1	导流线	单实线		用于渠化岛的外围标线
2		斜纹线	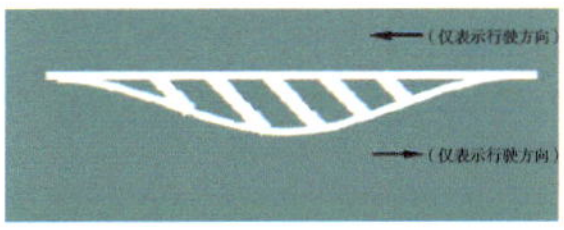 （仅表示行驶方向） （仅表示行驶方向）	用于渠化岛内部的填充标线
3		V形线	 （仅表示行驶方向） （仅表示行驶方向）	用于渠化岛内部的填充标线
4	减速让行标志标线		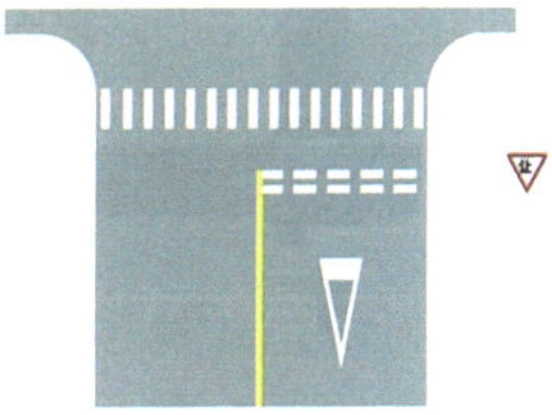	表示车辆在路口处要减速慢行，让干路车辆先行
5	车辆行驶方向标志	靠两侧通行		告知驾驶人道路两侧均可通行
6		靠右侧通行		告知驾驶人只允许靠道路右侧通行
7		靠左侧通行		告知驾驶人只允许靠道路左侧通行

2.设置方法

（1）导流线的设置方法

1）导流线表示车辆按照规定的路线行驶，不得压线或越线行驶。一般情况下，导流线分隔同向车流时，采用白色；分隔对向车流时，采用黄色。

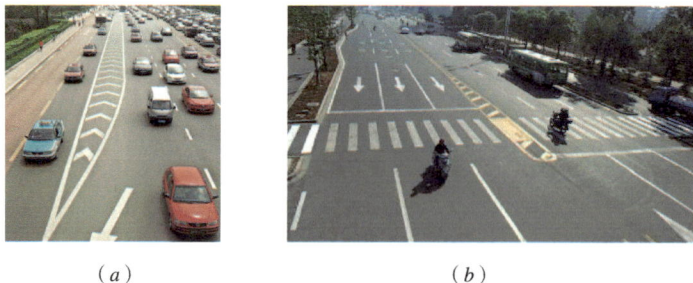

（a）   （b）

图 3-70　导流线颜色示例

2）导流线有单实线、斜纹线、V 形线三种类型。其中，单实线一般用于外围线，要与车道的分界线、路缘等顺畅连接；斜纹线和 V 形线为填充线。

3）斜纹线应顺行车方向，与来车方向成 45° 夹角，在道路中心时采用黄色，如图 3-70（b）所示。

4）V 形线设置在车流分流和合流处，尖角面向来车方向，与来车方向成 45° 夹角。例如，某绿化带端头的分流点，设置了 V 形导流线，如图 3-71 所示。

图 3-71　V 形线示例

【案例 3-25】绿化带前端设置了导流线，引导车辆的驶入和驶出，如图 3-72 所示。

图 3-72　导流线倾斜方向错误设置问题案例（案例 3-25）

【解析】在图 3-72 所示的绿化带的前端是交通流的汇流点和分流点,填充了斜纹线。但是斜纹线需要顺来车方向,并与来车方向成 45° 夹角,而图中的斜纹线与进口道和出口道的来车方向均未形成 45° 夹角。因此,图中的导流线应进行修改:填充线应采用斜纹线,并分别与进出口来车方向成 45° 夹角,如图 3-73 所示。

图 3-73　导流线调整后的示例

（2）渠化岛标志标线的设置方法

1）为引导车辆通行,应在渠化岛外侧设置白色单实线型导流线。在合流和分流点处,填充 V 形导流线。

2）在渠化岛的分流点,宜设置车辆行驶方向标志,如图 3-74（a）所示,指引车辆的行驶方向。也可在车道行驶方向标志中标示渠化岛,如图 3-74（b）所示。

（a）　　　　　　　　　　　　　（b）

图 3-74　渠化岛分流点处交通标志设置示例

（a）分流点设置车辆行驶方向标志;（b）分向行驶车道标志中告知渠化岛处车辆通行方向

3）在渠化岛的汇流点处,应设置减速让行标志和标线,渠化岛内侧的车辆应避让主线车辆。

例如,某渠化岛的汇流点处设置了减速让行标志,告知右转汇入主路的车辆驾驶人要减速慢行,在确保安全的前提下进入主路,如图 3-75 所示。

图 3-75　汇流点处设置减速让行标志示例

4）当设置了通向渠化岛的人行横道，且车辆与人行横道存在交织时，应在人行横道前设置停止线和人行横道标志。如果有多条车道时，应设置禁止跨越同向车行道分界线，禁止车辆在人行横道前变道。同时，还可采用信号控制，如图 3-76 所示。

图 3-76　渠化岛的人行横道处设置信号灯控示例

3.7.2　道路出入口

1. 相关标志标线（见表 3-27）

道路出入口设置相关的交通标志标线　　　　　　　　　　　　　表 3-27

序号	名称	图例	说明
1	停车让行标志标线		表示车辆在路口处要停车让干路车辆先行

序号	名称	图例	说明
2	减速让行标志标线		表示车辆在路口处要减速慢行，让干路车辆先行
3	向右转弯标志		表示车辆只能向右转弯通行
4	网状线		表示禁止车辆以任何原因在该区域停车

2.设置方法

（1）依据《城市道路交通标志和标线设置规范》GB 51038—2015 的规定，道路等级相差较大、车速相差 30km/h 以上、视距不足、容易发生交通事故的非信号灯控制路口，应在次要道路方向上设置停车让行标志标线，标志、标线应同时设置；对视线良好、驾驶人发现危险能够从容应对的非信号灯控制路口，可在次要道路上设置减速让行标志标线，标志、标线应同时设置。

（2）对实施了右进右出控制的道路沿线出入口或非信号灯控制路口，应在次要道路上设置减速让行或停车让行标志、标线，同时还应在距离路口 30～90m 处设置向右转弯指示标志，告知驾驶人前方路口处只能右转。

（3）为防止出入口处的进出车辆过多而占用路口空间，或为防止非灯控支路的路口被停车占用等原因造成交通拥堵或是秩序混乱，可在路口内部设置网状线，禁止在路口区域内停车。例如，某单位门口路段，为防止进出单位的车辆和主路行驶的车辆停车占用，造成道路无法通行，设置了网状线禁止停车，如图 3-77 所示。

（4）在非灯控出入口或支路路口，因视距不足，主线行驶车辆驾驶人不易观察到出入口和支路交通情况，宜在出入口和支路两端设置交通柱，提醒主线行驶车辆驾驶人注意相交道路车辆。例如，某小区的出入口处，由于视线不足，驾驶人不易发现该出入口，因此在出入口处设置了交通柱，如图 3-78 所示。

图 3-77　出入口设置黄色网状线示例

图 3-78　出入口设置交通柱示例

【案例 3-26】某支路与主干路相交的路口，采用了右进右出控制，如图 3-79 所示。

图 3-79　实施右进右出控制的支路路口问题案例（案例 3-26）

【解析】该路口为支路与主干路相交路口，虽然道路等级相差较大，但是该路口的视距良好，驾驶人能够观察到主干路上的车辆，因此在该出入口处应设置减速让行标志和标线。同时，由于该路口采用了右进右出控制，所以应在面对支路路口方向适当位置设置向右转弯标志。

3.7.3　进出口车道设置

1. 相关标志标线（见表 3-28）

进出口车道相关的交通标志标线　　　　　　　　表 3-28

序号	名称		图例	说明
1	车道行驶方向标志	分向行驶车道标志		表示车道的行驶方向
2		左转、右转、直行		表示车辆可左转、右转和直行
3		直行左转、直行右转组合		表示车辆可直行左转、直行右转
4		掉头、掉头左转组合		表示车辆可掉头、掉头左转
5	导向车道线			指示驶入导向车道的车辆按照导向方向行驶
6	可变导向车道线			指示导向车道的通行方向可根据交通流量变化而变换
7	导向线			连接对向车道分界线，辅助车辆行驶和转向
8				连接同向车道分界线，辅助车辆行驶和转向
9	左弯待转区			车辆可在指示时段进入左弯待转区等候左转
10	直行待行区			车辆可在指示时段进入直行待行区等候直行
11	导向箭头			告知驾驶人车道的行驶方向
12	路面（车行道）宽度渐变段标线			提醒驾驶人路宽或车道数发生变化

159

2. 设置方法

（1）车道宽度

进出口车道的宽度应根据《城市道路交叉口设计规程》CJJ 152—2010 的规定确定。施划地面标线时，其宽度的确定遵循以下规定：

1）相邻同向车道的宽度为分界线中心之间间距，其样式如图 3-80（a）所示；

2）外侧车道和内侧车道的宽度为分界线的中心至车行道边缘线内侧的间距，其样式如图 3-80（b）所示；

3）双黄线的间隙为黄线外侧边缘之间的间距，其样式如图 3-80（c）所示。

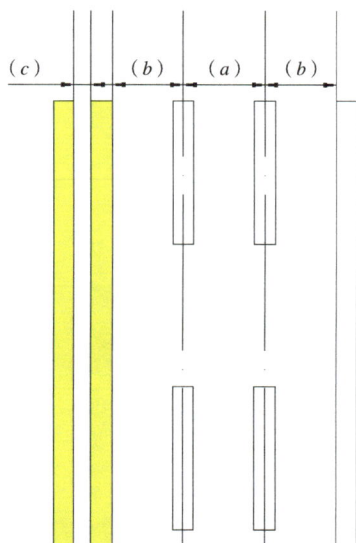

图 3-80　车道施划宽度确定示例

（2）导向车道长度

1）导向车道的长度应根据实际的车辆排队长度、道路几何线形、路口间距、交通管理措施等因素确定，支路的导向车道长度宜为 30～50m，次干路宜为 40～60m，主干路宜为 50～70m。

2）对于新建路口或是没有交通流量历史数据的路口，其导向车道的长度可参考同等类型路口的车辆排队情况等因素确定。

（3）一般情况下的进出口车道设置

1）标线设置

➢ 进出口车道数量应根据《城市道路交叉口设计规程》CJJ 152—2010 的规定确定。对于信号灯控制路口，出口车道数应与上游各进口道同一信号相位流入的最大进口车道数相匹配。

> 当进口道的车道数比路段车道数多时，应设置路面（车行道）宽度渐变段标线，引导车辆行驶。

> 进口道导向车道应设置导向车道线，双向两车道及以上的进口道，应根据交通流量及管理需求，确定每条车道的行驶方向，并施划相应导向箭头。导向箭头的重复次数参照表 3-29 设置。

导向箭头的设置次数　　　　　　　　　　　　　　　　表 3-29

道路设计速度（km/h）	≥ 100	40 ~ 100	≤ 40
设置次数	≥ 3	3	≥ 2

设置 3 组时，一般是第一组距离停止线 3 ~ 5m 处；第二组在导向车道起始处，箭头的起始端与导向车道线起始端齐平；第三组为预告性质，在第二组前的 30 ~ 50m。

> 当路口空间条件许可时，可在路口内设置左弯待转区、直行待行区，必须设置相应的待行区标线，同时在待行区内需要设置相应的导向箭头，明确待行区的功能，箭头长度为 3m。待行区施划时，必须设置在专用车道前端，即左转车道对应左弯待转区，直行车道对应直行待行区。例如，某一路口，在直行车道前方施划了直行待行区标线，并在待行区内设置了导向箭头，如图 3-81 所示。

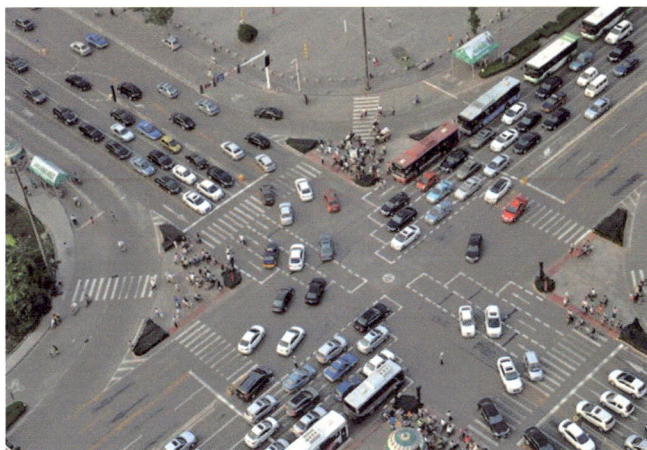

图 3-81　路口设置直行待行区示例

施划待行区时，应保证不影响其他方向车辆的通行。如果路口空间足够时，一个专用车道可以对应多个待行区，如图 3-82 所示。

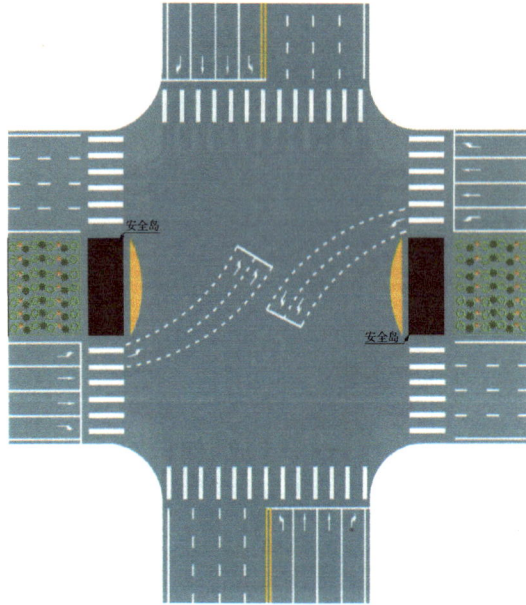

图 3-82　设置两个左弯待转区示例

2）标志设置

➤ 当单向进口道车道数大于或等于 4 车道时，应设置车道行驶方向标志。在一些特殊情况下，如左转车道设置在同向直行车道右侧、设置了公交专用道、积雪容易覆盖地面标线等，即使进口车道数不足 4 车道，也应设置车道行驶方向标志。

➤ 分向行驶车道标志一般设置在导向车道前、指路标志下游的适当位置。当受道路空间制约或标志容易被遮挡时，应遵循分向行驶车道标志、指路标志从左至右的原则并设，如图 3-83 所示。如果进口车道数多于 6 条时，可在道路两侧同时设置。

图 3-83　分向行驶车道标志与指路标志并设示例

➤ 分向行驶车道标志是车道行驶方向标志的一种，分向行驶车道标志可用悬臂的方式设立在路侧，如图 3-84（a）所示。除分向行驶车道标志以外的车道行驶方向标志，应设立在车道中心上方，如图 3-84（b）所示。

（a）　　　　　　　　　　　　　　（b）

图 3-84　车道行驶方向标志设置示例

（a）分向行驶车道标志；（b）其他车道行驶方向标志

（4）特殊情况下的进出口车道设置

1）当进口道某车道设置为可变车道时，应设置可变导向车道线，但不设置导向箭头。同时配套设置可变的车道行驶方向标志，如图 3-85（a）所示，告知驾驶人可变车道当前的行驶方向。也可采用静态的车道行驶方向标志，但必须能够明确告知驾驶人不同时段的可变车道的行驶方向，如图 3-85（b）所示。

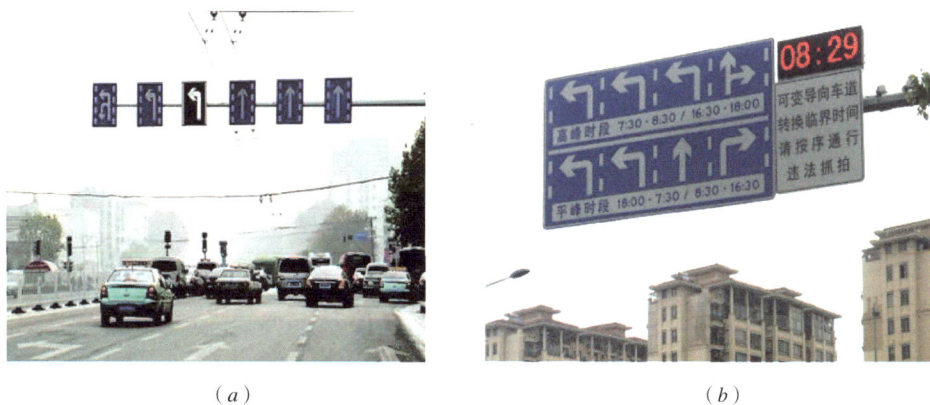

（a）　　　　　　　　　　　　　　（b）

图 3-85　可变车道的车道行驶方向标志示例

2）由于道路断面不一致、畸形路口、高架桥下桥墩遮挡等原因，导致进出口车道错位或是不容易观察到出口位置时，应采用导向线规范车辆的行驶轨迹，来引导车辆通行。例如，国外某大型路口，由于桥墩的遮挡形成了畸形路口，通过在路口内设置导向线引导车辆的通行，如图 3-86 所示。

图 3-86 设置导向线的路口示例

3）当进口道的转弯车辆转弯半径不足，或是进口道的停止线对出口车辆产生阻挡时，可将车道停止线适当后移，采用"锯齿形"设置，如图 3-87 所示。

图 3-87 "锯齿形"停车线设置示例

【案例 3-27】某 T 形路口，进口道设有 3 个直行车道和 1 个左转车道，对应的出口有 3 个车道。从车道数上看，进出口道的车道数相匹配，如图 3-88（a）所示。但是，由于道路拓宽改造，导致进口车道与出口车道错位，最外侧的进口车道正对了出口的绿化带，如图 3-88（b）所示。

（a）   （b）

图 3-88 进出口车道错位设置问题案例（案例 3-27）

【解析】由于进出口车道错位，最右侧直行对应的是出口的机非绿化带，直行车辆容易撞到绿化带，或为避让绿化带而与相邻车道车辆刮擦。因此，应在路口内设置导向线，将进口的直行车道与出口车道对应起来，如图3-89所示。

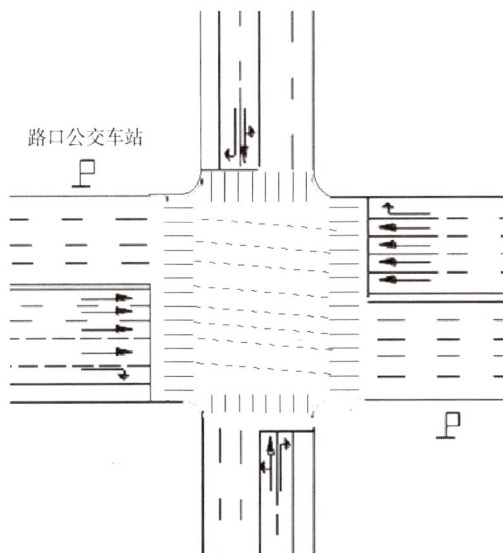

图3-89　出入口错位导向线设置示例

3.7.4　环形路口

1. 相关标志标线（见表3-30）

环形路口相关的交通标志标线 表3-30

序号	名称	图例	说明
1	环岛行驶标志		表示车辆靠右环行
2	减速让行标志标线		表示车辆在路口处要减速慢行，让干路车辆先行
3	线形诱导标		引导行车方向，提示道路线形变化

2. 设置方法

（1）在进岛处的渠化岛或是环岛中心面对来车方向，设置环岛行驶标志。如果需要对环形路口进行预告，可以在上游路段的适当位置设置环岛行驶标志。

（2）《道路交通安全法实施条例》第五十一条第二款规定，"准备进入环形路口的让已在路口内的机动车先行"，因此在进入环形路口车道处应设置减速让行标志标线。

（3）车辆在环岛内部行驶时，可在环岛上设置线形诱导标，引导车辆行驶。

例如，某环形路口的进口道处设置了减速让行标志标线，在环岛正对进出口道的中心处设置了环岛行驶标志，并在其下方设置了线形诱导标，对车辆通行进行指引，如图 3-90 所示。

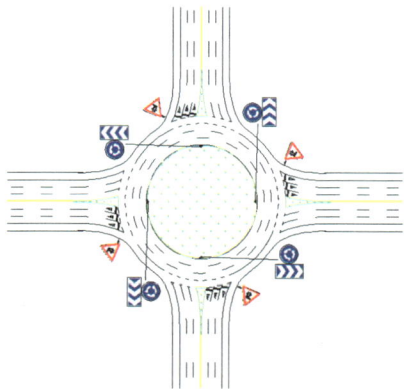

图 3-90　环形路口相关标志标线设置示例

3.7.5　有隔离设施的路口

1. 相关标志标线（见表 3-31）

与有隔离设施的路口交通渠化相关的交通标志标线　　　　表 3-31

序号	名称	图形示例	说明
1	靠右侧道路行驶标志		表示一切车辆只允许靠右侧行驶
2	机动车行驶标志（附加左侧行驶箭头）		表示机动车只允许靠左侧行驶
3	非机动行驶标志（附加右侧行驶箭头）		表示非机动车只允许靠右侧行驶

序号	名称	图形示例	说明
4	车行道边缘线		表示禁止车辆跨越车行道行驶或机非分界

2.设置方法

（1）采用永久性物理设施分隔对向交通流时，应在设施的两侧施划白色车行道边缘线，同时，应在设施起点设置机动车靠右侧道路行驶标志。

（2）采用永久性物理设施分隔机动车与同向非机动车交通流时，应在设施的两侧施划白色车行道边缘线，同时，应在设施起点设置机动车行驶标志和非机动车行驶标志，标志内可分别附加靠左侧行驶箭头和靠右侧行驶箭头。此外，可在非机动车道施划非机动车路面标记，如图3-91所示。

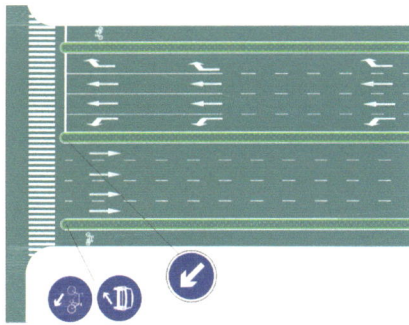

图 3-91　有永久性物理设施的路口标志标线设置示例

（3）采用活动护栏等可移动隔离设施分隔对向交通流时，应在隔离设施两侧施划黄色车行道边缘线，同时可在护栏端部设置靠右侧道路行驶标志，如图3-92所示。

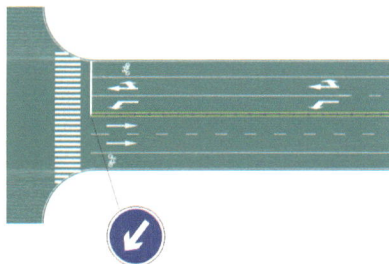

图 3-92　采用中央活动护栏的路口标志标线设置示例

167

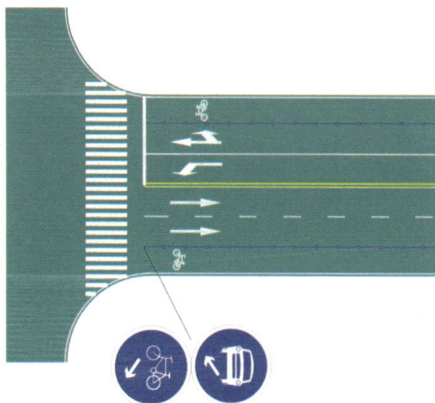

（4）采用活动护栏等可移动隔离设施分隔机动车与同向的非机动车交通流时，应施划白色车行道边缘线，可在隔离设施起点设置机动车行驶标志和非机动车行驶标志，标志内可分别附加靠左侧行驶箭头和靠右侧行驶箭头。此外，应在非机动车道施划非机动车路面标记，如图3-93所示。

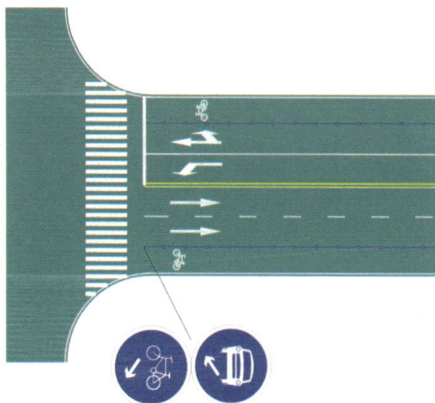

图3-93　采用机非活动护栏的路口标志标线设置示例

（5）当设置空间受限制时，靠右侧道路行驶标志、机动车行驶标志和非机动车行驶标志可采用的最小尺寸（直径0.5m）。

【案例3-28】某条道路机非护栏起点设置的机动车行驶标志（附加靠左侧行驶箭头）、非机动车行驶标志（附加靠右侧行驶箭头）尺寸过小，如图3-94所示。

图3-94　机动车行驶标志、非机动车行驶标志尺寸不规范问题案例（案例3-28）

【解析】该案例中设置的机动车行驶标志（附加靠左侧行驶箭头）、非机动车行驶标志（附加靠右侧行驶箭头）尺寸过小，不利于驾驶人正常识别。应按照《城市道路交通标志和标线设置规范》GB 50138—2015的规定，更换为直径不小于0.5m的交通标志。

3.7.6 路口掉头

1. 相关标志标线（见表 3-32）

与路口掉头相关的交通标志标线 表 3-32

序号	名称		图形示例	说明
1	允许掉头标志			表示该处允许车辆掉头，设在允许车辆掉头的起点
2	车道行驶方向标志	掉头、掉头左转组合标志		表示车辆可掉头、掉头左转
		分向行驶车道标志		表示车辆可在左转车道掉头
3	允许掉头导向箭头			指示前方掉头
4	黄色虚实线			允许虚线侧的车辆越线变换车道行驶
5	禁止掉头标志			表示禁止机动车掉头，设在禁止机动车掉头的起点及路口前适当位置
6	禁止掉头标线			表示该车道禁止车辆掉头

2. 设置方法

（1）当允许车辆在左转车道越过停止线掉头时，可不设允许掉头标志标线。

《道路交通安全法实施条例》第四十九条第二款规定：机动车在没有禁止掉头或者没有禁止左转弯标志、标线的地点可以掉头，但不得妨碍正常行驶的其他车辆和行人的通行。因此，当允许车辆在左转车道越过停止线掉头时，可不设允许掉头标志标线。

（2）当允许车辆在直行车道越过停止线掉头时，应在直行车道设置掉头导向箭头，同时增设允许掉头指示标志，如图 3-95 所示。

图 3-95　路口允许车辆掉头标志标线设置示例

（3）在未设置中央分隔带的路口，当车辆在停止线前掉头时，应设置允许掉头标志标线，同时应设置黄色虚实线，仅允许掉头车辆越线行驶。此外，可在车道行驶方向标志上设置允许掉头图案，如图 3-96 所示。

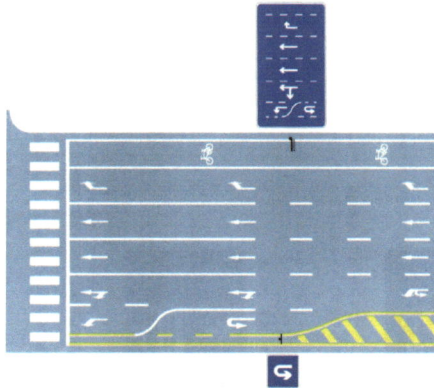

图 3-96　允许车辆在停车线前掉头标志标线设置示例

（4）在设置有中央分隔带的路口，当允许车辆路段中掉头时，为避免掉头车辆与汇流车辆的冲突，应在允许掉头处设置允许掉头标志标线。此外，应在断口处施划虚实线，明确虚线侧允许车辆临时跨越，实线侧禁止车辆跨越，如图 3-97 所示。

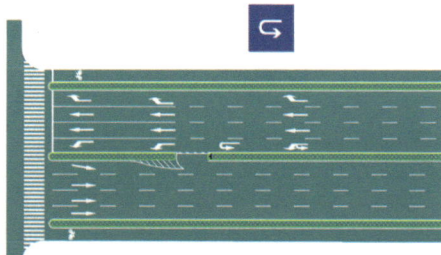

图 3-97　允许车辆在导向车道前掉头标志标线设置示例

（5）当左转车道设置在同向直行车道的右侧，同时允许车辆在左转车道掉头时，应在左转车道设置可直行或掉头导向箭头，并在车道行驶方向标志上设置允许掉头图案，如图3-98所示。

图 3-98　允许车辆在右置的左转车道掉头标志标线设置示例

（6）当路口禁止机动车掉头时，必须在路口设置禁止掉头标志，同时可根据需要设置禁止掉头标线，如图3-99所示。

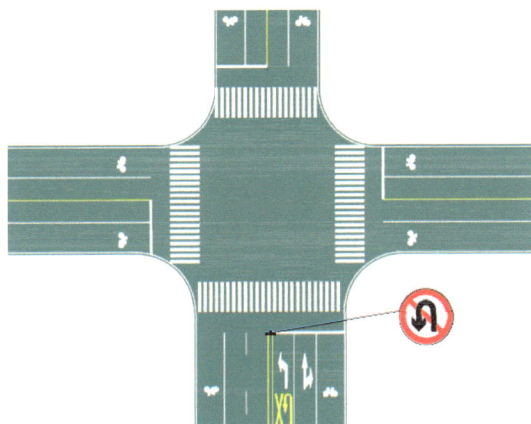

图 3-99　路口禁止掉头标志标线设置示例

（7）在有禁止左转弯标志、标线的路口无需设置禁止掉头标志、标线。

《道路交通安全法实施条例》第四十九条第一款规定：机动车在有禁止掉头或者禁止左转弯标志、标线的地点以及在铁路道口、人行横道、桥梁、急弯、陡坡、隧道或者容易发生危险的路段，不得掉头。根据上述规定，在有禁止左转弯标志、标线的路口无需设置禁止掉头标志、标线。

3.8 非机动车通行管理相关

3.8.1 路段非机动车通行管理

1. 相关标志标线（见表3-33）

路段非机动车通行管理相关的交通标志标线　　　　　　表 3–33

序号	名称		图例	说明
1	机动车行驶标志（附加左侧行驶箭头）			表示机动车只允许靠左侧行驶
2	非机动车行驶标志（附加右侧行驶箭头）			表示非机动车只允许靠右侧行驶
3	非机动车路面标记			表示该条车道为非机动车道
4	车行道边缘线	黄色车行道边缘线		禁止车辆跨越对向机非分界
		白色车行道边缘线		禁止车辆跨越同向机非分界

2. 设置方法

（1）机动车和非机动车无隔离的，除机非混行道路，均应设置非机动车道。同向机动车和非机动车之间，施划白色车行道边缘实线，如图3-100（a）所示；非机动车双向通行的单行路上，对向非机动车与机动车之间施划黄色车行道边缘实线，如图3-100（b）所示。当在需要跨越行驶的地方，采用黄色或白色的车行道边缘虚线，两侧车辆均可跨越，如图3-101（a）所示；当对跨越的方向有要求时，采用虚实线，实线侧不允许车辆跨越，虚线侧车辆可以跨越，如图3-101（b）所示。

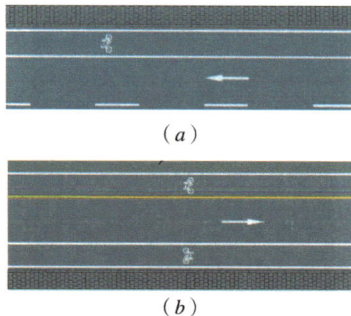

（a）

（b）

图3-100　无机非隔离时的机非分界线施划示例

（a）同向行驶机非分界线；（b）逆向行驶机非分界线

（a）

（b）

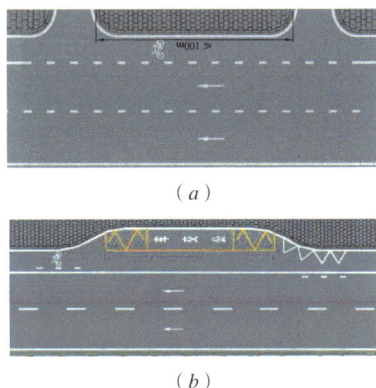

图 3-101 可跨越的机非分界线施划示例

（a）车行道边缘虚线；（b）车行道边缘虚实线

（2）机动车和非机动车采用绿化带等永久性隔离的，非机动车道可沿绿化带和路缘施划白色车行道边缘线。

（3）由于出入口、支路等原因造成路段非机动车道断开时：

1）机动车和非机动车采用绿化带等永久性隔离的，隔离设施端头应设置机动车行驶标志和非机动车行驶标志，当标志无法正对车道中心时，应在标志内附加行驶箭头，可参考本书第 3.7.5 节的内容设置。

2）机动车和非机动车之间采用移动隔离栏进行隔离时，可设置机动车行驶标志和非机动车行驶标志，但路面应设置非机动车路面标记，可参考本书第 3.7.5 节的内容设置。

3）机动车和非机动车之间没有隔离时，非机动车道路面应设置非机动车路面标记。

（4）机非之间采用绿化带等永久性隔离设施分隔的，应在隔离设施的两侧施划白色车行道边缘线，同时，应在隔离设施起点设置机动车行驶标志和非机动车行驶标志。此外，可在非机动车道施划非机动车路面标记。

（5）非机动车路面标记的宽度为车道宽度的一半。

3.8.2 路口非机动车通行管理

1. 相关标志标线（见表 3-34）

路口非机动车管理相关的交通标志标线 表 3-34

序号	名称	图例	说明
1	非机动车路面标记		表示该条车道为非机动车道

续表

序号	名称	图例	说明
2	路面文字标记	直行 等候区	指引非机动车等候的区域
3	导向箭头		告知非机动车的行驶方向
4	白色车行道边缘线		禁止车辆跨越同向机非分界

2. 设置方法

（1）非机动车随机动车一起通行

1）当非机动车道较宽，且非机动车较少时，可根据非机动车行驶方向，在非机动车道内施划导向车道，并施划导向箭头，明确车道的通行方向。机动车和非机动车之间采用绿化等永久隔离设施时，应设置白色车行道边缘线，可参考本书第 3.7.5 节的内容设置。

例如，国外某一个路口的非机动车车道，根据非机动车通行方向，划分了直行非机动车道和右转非机动车道，并在车道内施划了导向箭头，如图 3-102 所示。

图 3-102　非机动车道施划导向车道示例

2）当路口空间足够时，可在路口内设置非机动车等候区，采用白色实线标示等候区的区域，并用白色地面文字标记或白色非机动车地面标记注明，如图 3-103（a）所示，还可采用彩色地面进行标识，如图 3-103（b）所示。

（a） （b）

图 3-103 非机动车等候区示例

（2）非机动车实施二次过街

1）路口内设置渠化岛，非机动车与行人同一相位过街时，可施划白色车行道边缘实线设置非机动车道，并在车道内设置非机动车路面标记，如图 3-104（a）所示。也可不设置非机动车道，非机动车随行人利用人行横道过街，如图 3-104（b）所示。

（a） （b）

图 3-104 非机动车利用渠化岛二次过街设置示例

2）路口内无渠化岛时，应在路口转角处设置非机动车等候区，等候区应能为所有等候非机动车提供足够等候区域，等候区采用白色标线和路面文字标记或非机动车路面标记标示，也可用彩色路面进行标示，如图 3-105（a）所示。此外，应施划白色车行道边缘实线设置非机动车道，并在车道内设置非机动车路面标记，如图 3-105（b）所示。

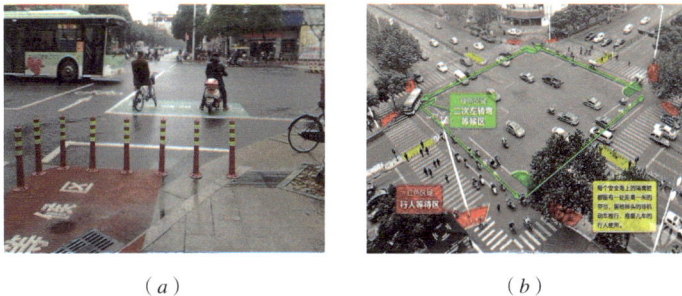

（a） （b）

图 3-105 无渠化岛路口非机动车二次过街设置示例

（3）非机动车禁驶区

在没有左转信号相位或为了规范非机动车在路口的行驶轨迹，在路口内设置非机动车禁驶区标线，告知非机动车驾驶人在禁行区域外侧绕行，如图3-106（a）所示。此时，左转非机动车采用二次过街的方式，因此在转角处应保证有足够的区域供非机动车等候，且二次停止线的宽度不能小于非机动车道的宽度。同时，可以配套设置路面文字标记和非机动车路面标记，注明等候区、禁驶区，如图3-106（b）、（c）所示。

（a）　　　　　　　　　　（b）　　　　　　　　　　（c）

图 3-106　非机动车禁驶区设置示例

3.9　停车管理相关

3.9.1　路内停车指引

《中华人民共和国道路交通安全法》第三十三条第二款规定：在城市道路范围内，在不影响行人、车辆通行的情况下，政府有关部门可以施划停车泊位。

《中华人民共和国道路交通安全法实施条例》第三十三条规定：城市人民政府有关部门可以在不影响行人、车辆通行的情况下，在城市道路上施划停车泊位，并规定停车泊位的使用时间。

1. 相关标志标线（见表3-35）

与允许路内停车相关的交通标志标线　　　　　　　　　　表3-35

序号	名称	图形示例	说明
1	机动车停车位标志	**P**	表示可以停放机动车，需要和停车位标线配合使用
2		**P** ← **P** →	表示从标志处向箭头指示方向机动车可以停放，需要和停车位标线配合使用

续表

序号	名称	图形示例	说明
3	机动车停车位标志		表示占用部分人行道边缘停放机动车，需要和停车位标线配合使用
4	限时段停车位标志		表示机动车只能在标志允许的时段停放，需要和机动车限时停车位标线配合使用
5	限时长停车位标志		表示车辆停放的时长不应超过标志规定的时间，可以不划停车位标线
6	残疾人专用停车位标志		表示此处仅允许残疾人驾驶的车辆停放，需配合残疾人专用停车位标线使用
7	校车专用停车位标志、校车停靠站点标志		表示此处仅允许校车停放，需配合校车专用停车位标线或校车停靠站线使用
8	出租车专用停车位标志		表示此处仅允许出租车停放，需配合出租车专用停车位标线使用
9	非机动车专用停车位标志		表示此处仅允许非机动车停放，需配合非机动车专用停车位标线使用
10	公交车专用停车位标志		表示此处仅允许公交车停放，需配合公交专用停车位标线使用
11	专属停车位标志		表示此处车位为专属（单位或个人）车辆停放，需配合专属停车位标线使用
12	注意非机动车标志		用以提醒驾驶人减速慢行，在停车、倒车和开启车门时，注意周边非机动车
13	机动车停车位标线		表示机动车只能在标示的停车位内停放

续表

序号	名称	图形示例	说明
14	限时停车位标线	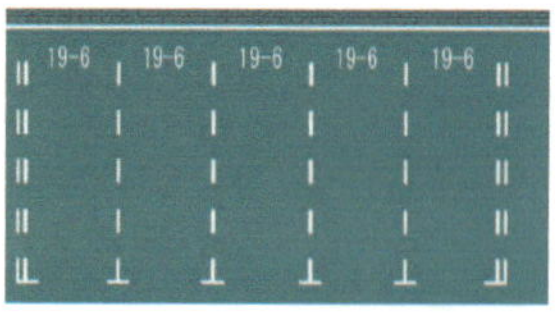	表示机动车只能在标示的停车位内在限定时段停放
15	出租车专用停车位标线		表示出租车专用待客停车位
16	出租车专用上下客停车位标线		表示出租车专用上下客停车位
17	残疾人专用停车位标线		表示残疾人专用车辆或载有残疾人车辆的停车位
18	非机动车停车位标线		表示非机动车专用停车位
19	专属停车位标线		表示此车位为专属停车位
20	收费停车位标线		表示此车位为收费停车位
21	免费停车位标线	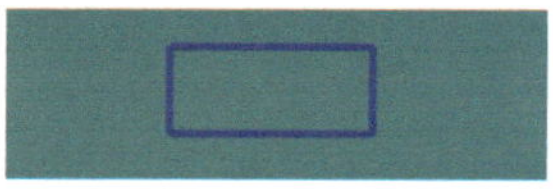	表示此车位为免费停车位

2. 设置方法

路内停车泊位的设置条件和方法可参考行业标准《城市道路路内停车泊位设置规范》GA/T 850—2009。当某条道路设置路内停车泊位时：

（1）可根据通道宽度、停放车辆、交通量等情况选择垂直式、平行式、倾斜式设置方式，如图 3-107～图 109 所示。路内停车泊位的排列宜采用平行式。大型车辆的停车泊位不应采用倾斜式和垂直式的停放方式。

停车位标线按两种车型规定尺寸，上限尺寸长为1560cm，宽为325cm，适用于大中型车辆；下限尺寸长为600cm，宽为250cm，适用于小型车型。在条件受限时，宽度可适当降低，但最小不应低于200cm。

图3-107　平行式停车位示例

图3-108　倾斜式停车位示例

图3-109　垂直式停车位示例

（2）路内停车位设置于无机非隔离带的非机动车道上时，应当处理好与机动车、非机动车的关系，保障各类车辆的通行安全，如图3-110所示。

1）应在停车位起点位置设置停车位标志；

2）应施划停车位标线；

3）应在停车位起点前适当位置设置注意非机动车标志；

4）应在停车位两端的车行道边缘线两侧分别施划白色虚实线，允许驶入或驶离停车位的车辆临时跨越；

5）宜在停车位标线上游路面上设置两组及以上注意前方路面状况标记；

6）车行道边缘线与停车泊位标线之间的距离不应小于2.5m，确保非机动车的安全通行空间。

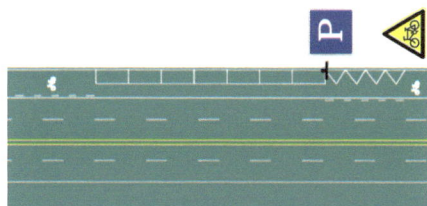

图3-110　占用非机动车道停车位设置示例

（3）对停车方向有特殊要求时，可在停车位标线中附加箭头，箭头所指方向表示停车后车头的朝向，如图 3-111 所示。

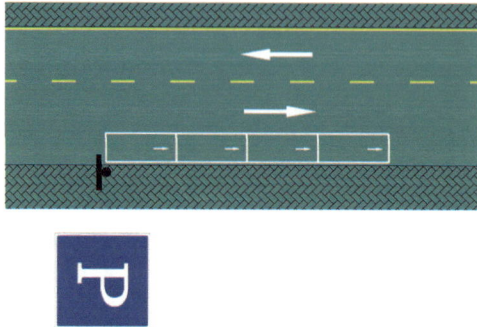

图 3-111　固定方向停车位设置示例

（4）对停车时段有限制时，在停车位标志下方设置辅助标志注明停车时段，同时施划限时停车位标线，并在停车位内以路面文字标记标示允许停车的时段。其中，限时停车位标线应为虚线框。

此外，应在限时停车泊位以外的路段设置禁止停车标志标线，并设置辅助标志，注明"允许停车的泊位和时段除外"，如图 3-112 所示。

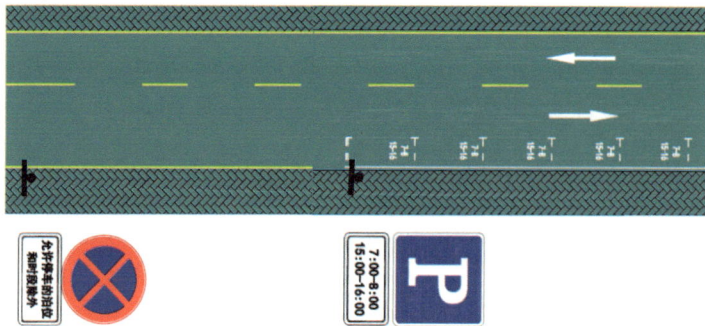

图 3-112　限时停车位设置示例

（5）设有收费停车泊位的路段应设置停车信息牌。停车信息牌应自上而下标明允许停车标志、允许停车时间、收费标准等，如图 3-113 所示。

1）停车信息牌宜设置于设有收费停车泊位路段的两端，如果路段较长，宜每间隔 100～200m 增设一块；

2）停车信息牌宜与道路中线垂直，版面宜迎向行车方向。

图 3-113　停车收费标志标线设置示例

（6）在一些单位出入口等不易发现前方路面状况变化的路段，如需设置路内停车位，可设置注意前方路面状况标记，提醒驾驶人注意以尽早采取措施，设置范围视实际需要而定，如图 3-114 所示。

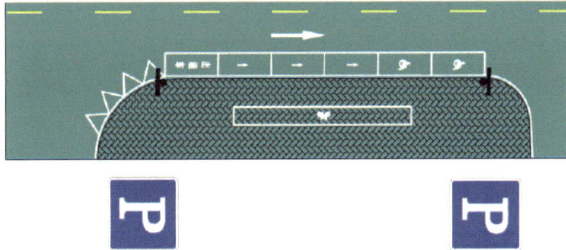

图 3-114　视线不良处停车位标志标线设置示例

（7）需要告知停车者路内停车泊位的位置和距离时，可设置路内停车预告标识，其由停车位标志和辅助标志组成。路内停车预告标识设置时一般面向来车方向，只需要设在已设置路内停车泊位的道路两端的路口位置，就近预告即可，如图 3-115 所示。

图 3-115　停车位预告标识样式示例

3.9.2　禁止路内停车

《中华人民共和国道路交通安全法》第五十六条规定:机动车应当在规定地点停放。禁止在人行道上停放机动车;但是，依照本法第三十三条规定施划的停车泊位除外。

在道路上临时停车的，不得妨碍其他车辆和行人通行。

行业标准《城市道路路内停车泊位设置规范》GA/T 850—2009 第 4.3 条规定了不能设置停车位的路段和区域，规定在以下路段和区域不应设置停车泊位：

（1）快速路和主干路的主道；

（2）人行横道，人行道（依《道路交通安全法》第三十三条规定施划的停车泊位除外）；

（3）交叉路口、铁路道口、急弯路、宽度不足 4m 的窄路、桥梁、陡坡、隧道以及距离上述地点 50m 以内的路段；

（4）公共汽车站、急救站、加油站、消防栓或者消防队（站）门前以及距离上述地点 30m 以内的路段，除使用上述设施的；

（5）距路口渠化区域 20m 以内的路段；

（6）水、电、气等地下管道工作井以及距离上述地点 1.5m 以内的路段。

上述情况外，在不允许停车的路段应设置禁止停车标志标线。

1. 相关标志标线（见表 3-36）

与禁止停车相关的交通标志标线　　　　　　　　　　　　　　　表 3-36

序号	名称	图形示例	说明
1	禁止停车标志		表示在限定的范围内禁止一切车辆停、放
2			表示沿箭头所指方向禁止一切车辆停、放
3	禁止长时停车标志		表示在限定的范围内，禁止一切车辆长时停、放，临时停车不受限制
4	区域禁止停车标志		表示区域内禁止一切车辆停、放
5	区域禁止长时停车标志		表示区域内禁止一切车辆长时停、放，临时停车不受限制
6	区域禁止停车解除标志		表示禁止一切车辆停、放区域结束

续表

序号	名称	图形示例	说明
7	区域禁止长时停车解除标志		表示禁止一切车辆长时停、放区域结束
8	禁止停车标线		表示禁止路边停、放车辆
9	禁止长时停车标线		表示禁止路边长时停、放车辆，但一般允许装卸货物或上下人员等的临时停放
10	交通监控设备标志		告知驾驶人前方实施交通监控执法

2.设置方法

某条路段禁止停车时：

（1）应在禁止停放路段的两端设置禁止停车标志。

（2）在下列情况时应同时或独立设置禁止停车标线：

1）需要进行非现场执法违法取证的路段；

2）由于空间受限等因素，禁停标志无法设置时。

禁止停车标线为黄色实线，施划于道路缘石正面及顶面，无缘石的道路可施划于路面上，距路面边缘30cm，可配合"禁止停放"路面文字一起使用。

（3）禁止停车的路段较长时，可重复设置表示禁止停放范围的禁止停车标志，也可在标志下方设置辅助标志表示禁止停车路段区域，间隔宜为100m，如图3-116、图117所示。

图 3-116　从标志处向箭头指示方向机动车禁止停放设置示例

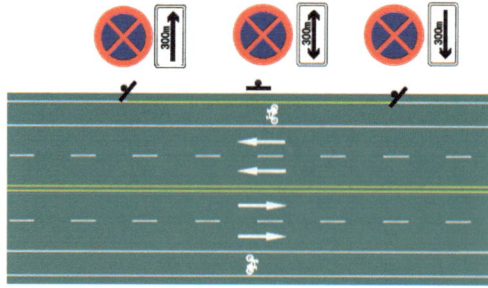

图 3-117　长路段禁止停车设置示例

（4）当某个区域范围内禁止停车时，应在禁止区域的所有入口处设置区域禁止停车标志，在禁停区域的所有出口处设置区域禁止停车解除标志，如图 3-118 所示。

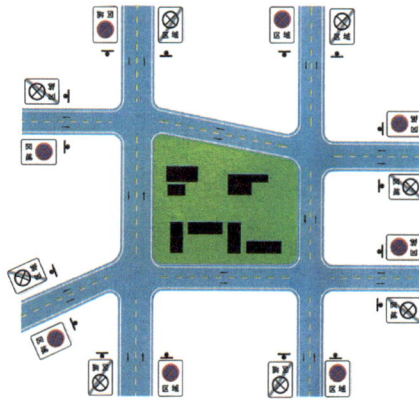

图 3-118　区域禁止停车设置示例

（5）禁止长时停车路段允许出租车上下客短时停、放时：

1）应设置禁止长时停车标志，可根据需要同时施划禁止长时停车标线；

2）施划出租车专用上下客停车位标线，如图 3-119 所示。

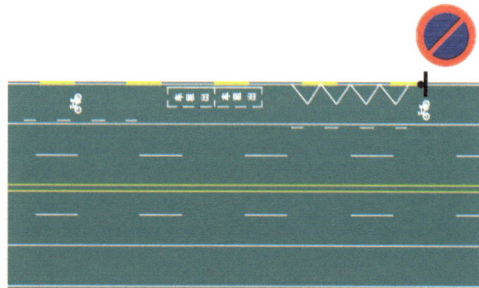

图 3-119　禁止长时停车路段允许出租车短时停车设置示例

（6）在需要分时段禁止停车的路段,禁止停放的时间可用辅助标志说明,如图 3-120 所示。

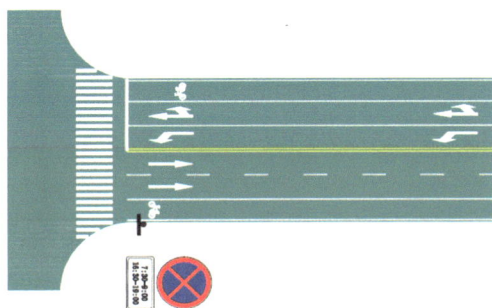

图 3-120　分时段禁止停车设置示例

（7）禁止停车路段采用电子监控设备非现场执法时，可设置交通监控设备标志，同时设置辅助标志告知驾驶人"违停抓拍"，标志宜设在监控设备上游 50～200m 范围内，如图 3-121 所示。

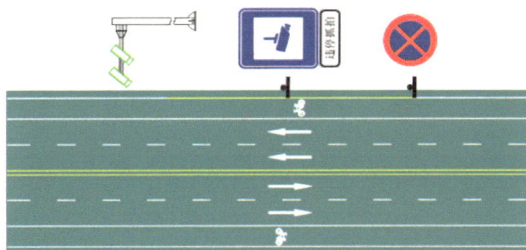

图 3-121　禁停路段设置监控设备非现场执法标志标线设置示例

3.10　专用车道设置相关

3.10.1　公交专用车道

1. 相关标志标线（见表 3-37）

与公交专用车道相关的交通标志标线　　　　　　　　　　　　　表 3-37

序号	名称	图形示例	说明
1	公交线路专用车道标志		表示该车道专供公交车辆行驶

续表

序号	名称	图形示例	说明
2	公交专用车道线		表示除公交车外，其他车辆和行人不得入内
3	快速公交系统（BRT）专用车道标志		表示该车道专供快速公交车辆行驶
4	快速公交系统（BRT）专用车道线		表示除快速公交车辆外，其他车辆和行人不得入内

2. 设置方法

公交专用车道的设置条件和设置方法可参考行业标准《公交专用车道设置》GA/T 507—2004。

当某条道路设置为公交专用车道时：

（1）应在进入公交专用车道的起点及各路口入口前适当位置设置公交线路专用车道标志，版面上箭头正对车道，箭头方向向下，标志无法正对车道时，可以不标注箭头。

（2）应配合设置公交专用车道标线，由黄色虚线和白色文字组成，其中黄虚线线段长和间隔均为400cm，白色文字为"公交专用或BRT专用"。

（3）有时间规定时，应设置辅助标志说明，同时可在路面文字标记下加标公交专用的时间。

【案例3-29】某条道路为快速公交（BRT）专用道，以黄色实线表达此车道为公交专用车道，如图3-122所示。

图3-122　快速公交系统（BRT）专用车道设置问题案例（案例3-29）

【解析】该案例中公交专用车道线为黄色实线。根据国家标准《道路交通标志和标线 第3部分：道路交通标线》GB 5768.3—2009 的规定，公交专用车道线由黄色虚线及白色文字组成，表示除公交车外，其他车辆及行人不得进入该车道。该案例中，应将黄色实线改为黄色虚线，线段长和间隔均为 400cm，同时应将相应的快速公交（BRT）专用车道标志中的黄色虚线部分更改为白色虚线，如图 3-123 所示。

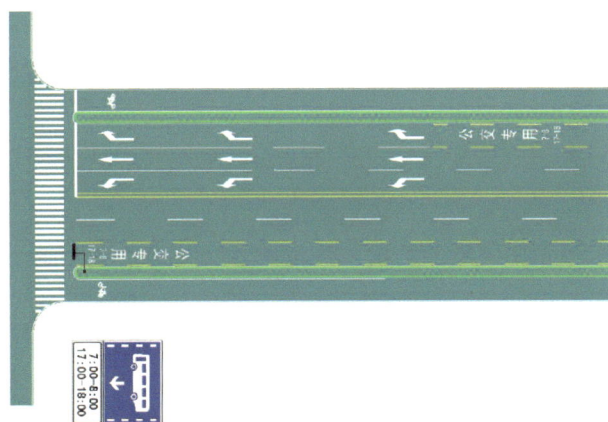

图 3-123 分时段公交线路专用车道设置示例

（4）公交专用车道设置在辅路上时，应在辅路上施划公交专用车道标线，此外，应同时设置公交线路专用车道标志和非机动车车道标志，引导公交车和非机动车各行其道，如图 3-124 所示。

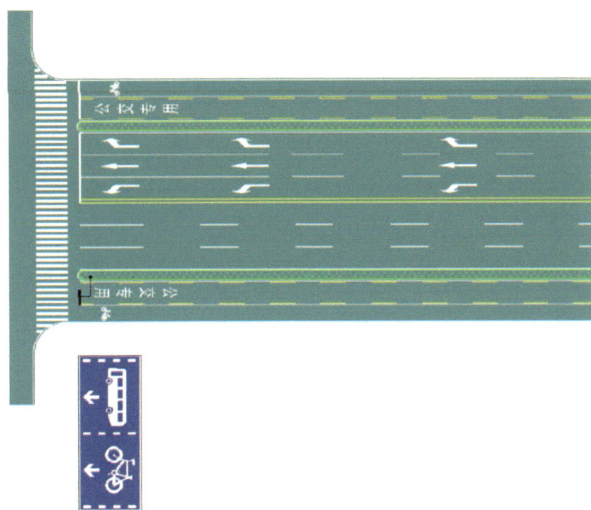

图 3-124 辅道设置公交专用车道标志标线设置示例

3.10.2　潮汐车道

1. 相关标志标线（见表3-38）

与潮汐车道相关的交通标志标线　　　　　表3-38

序号	名称	图形示例	说明
1	注意前方潮汐车道标志		用于提醒驾驶人注意前方道路设置了潮汐车道
2	注意横向道路潮汐车道标志		用于提醒驾驶人注意横向道路设置了潮汐车道
3	潮汐车道线		表示车辆行驶方向可随交通管理需要进行变化
4	可变信息标志		设置于潮汐车道入口处的可变的车道行驶方向标志

2. 设置方法

根据道路交通管理的需要，当道路中央一条或一条以上车道布置为潮汐车道时：

（1）在潮汐车道的起点处，应设置注意前方潮汐车道标志。

（2）横向道路进入潮汐车道路段的路口入口前，宜设置注意横向道路潮汐车道标志，提醒驾驶人相交道路设置了潮汐车道。

（3）应在潮汐车道路段起点的上游方向，至少增设一块注意前方潮汐车道标志，并宜设置辅助标志预告至潮汐车道路段起点的距离。

（4）潮汐车道入口处、路段适当位置均可设置可变的车道行驶方向标志。同时，应设置车道信号灯，设置方法参见本书第2.7.4节。

（5）在潮汐车道两侧必须设置潮汐车道线，潮汐车道线应采用双黄虚线，同时在路口出入端应设置停止线，采用白色虚实线，虚线设置在路口中心一侧。

【案例3-30】某条道路布置了潮汐车道，设置了可变的车道行驶方向标志，在车道内设置了路面文字标记"潮汐车道"，未设置潮汐车道线，如图3-125所示。

图 3-125　潮汐车道标志标线设置问题案例（案例 3-30）

【解析】该案例中，采用白色虚线和路面文字标记"潮汐车道"表示此路段设置了潮汐车道，同时设置了可变车道行驶方向标志。按照《城市道路交通标志和标线设置规范》GB 50138—2015 的规定，在设置潮汐车道时，应设置注意潮汐车道标志，必须设置潮汐车道线。该案例中应补充施划潮汐车道线，采用双黄虚线，两条虚线的间距宜为 10～15cm，如图 3-126 所示。

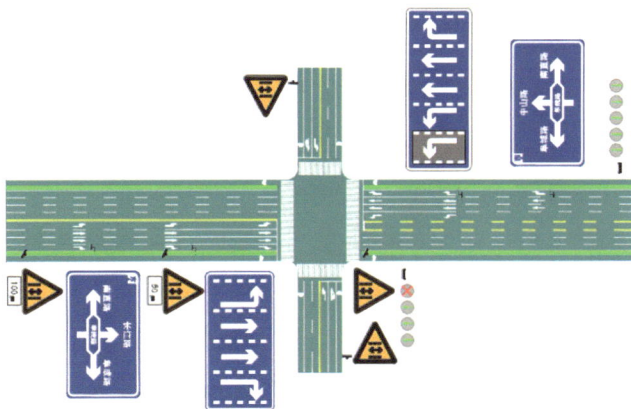

图 3-126　潮汐车道标志标线设置示例

3.10.3　多乘员车辆专用车道

1. 相关标志标线（见表 3-39）

与多乘员车辆专用车道相关的交通标志标线　　　　　　　　　表 3-39

序号	名称	图形示例	说明
1	多乘员车辆（HOV）专用车道标志		表示该车道专供多乘员车辆行驶

序号	名称	图形示例	说明
2	多乘员车辆专用车道线		表示未达到规定乘客数的车辆不得入内行驶

2. 设置方法

根据道路交通管理的需要，某条道路设置了多乘员车辆专用车道时：

（1）在专供多乘员车辆行驶的车道起点及入口前的车道上方应设置多乘员车辆（HOV）专用车道标志。

（2）当多乘员车辆专用车道有人数规定时，可在标志右上角表示。

（3）应设置多乘员车辆专用车道线，由白色虚线和白色文字组成，白色文字应为"多乘员专用"，分时专用车道可在文字下加注专用时间，如图3-127所示。

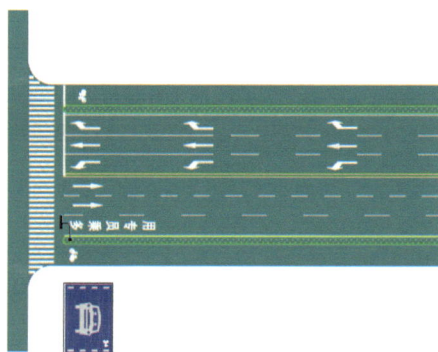

图 3-127　多乘员车辆专用车道标志标线设置示例

3.11　行人通行管理相关

3.11.1　路段人行横道

1. 相关标志标线（见表3-40）

与路段人行横道相关的交通标志标线　　表3-40

序号	名称	图形示例	说明
1	人行横道标志		表示该处为人行横道

序号	名称	图形示例	说明
2	注意行人标志		用以提醒驾驶人减速慢行，注意行人
3	人行横道线		表示一定条件下允许行人横穿道路的路径，又提醒驾驶人注意行人及非机动车过街
4	人行横道预告标识		无信号灯控制路段设置人行横道线时，应在人行横道线上游设置预告标识
5	行人过街安全岛		图例中的安全岛形式仅为示例，表示行人可在此停留，等候过街

2. 设置方法

行人横过道路较为集中的路段中无过街天桥、地下通道等过街设施时，应施划人行横道线。

（1）人行横道线应按以下要求施划：

1）人行横道线为白色平行粗实线，最小宽度为 3m，可根据行人交通量以 1m 为一级加宽。

2）人行横道线的线宽为 40cm 或 45cm，线间隔一般为 60cm，可根据车行道宽度进行调整，但最大不应超过 80cm。

3）人行横道线一般与道路中心线垂直，特殊情况下，与中心线夹角不宜小于 60°，条纹应与道路中心线平行。

（2）设置无信号灯控制的人行横道时：

1）应施划人行横道线，并应在到达人行横道线前的路面上设置停止线和人行横道线预告标识，如图 3-128 所示。

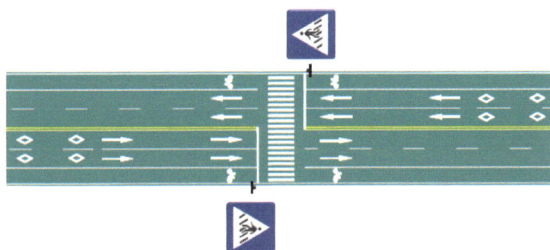

图 3-128　无信号灯控制的人行横道标志标线设置示例

2）应配合设置人行横道标志。

3）视线不良、不易被道路使用者发现的人行横道上游，应设置注意行人标志。

（3）设置有信号灯控制的人行横道时，应施划人行横道线，并在到达人行横道线前的路面上设置停止线，如图 3-129 所示。

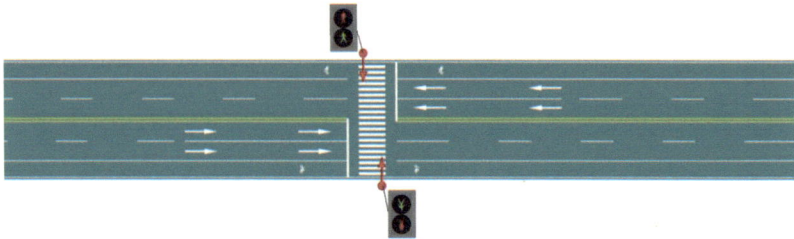

图 3-129　有信号灯控制的人行横道标志标线设置示例

（4）当路面宽度大于 30m 时：

1）应在中央分隔带或对向车行道分界线处的人行横道上设置安全岛。

2）安全岛长度不应小于人行横道线宽度，宽度与中央分隔带相同或依据实际情况确定，一般不应小于 2m，困难情况下不应小于 1.5m。

3）安全岛宜增设弹性交通柱等安全防护设施，如图 3-130 所示。

图 3-130　有中央分隔带路段人行横道标志标线设置示例

4）干路车速较快，为防止行人直穿中央分隔带引起交通事故，或空间条件受限，安全岛的面积不能满足等候信号放行的行人停留需要、桥墩或其他构筑物遮挡驾驶人视线等情况下，人行横道线可错位设置，如图 3-131 所示。

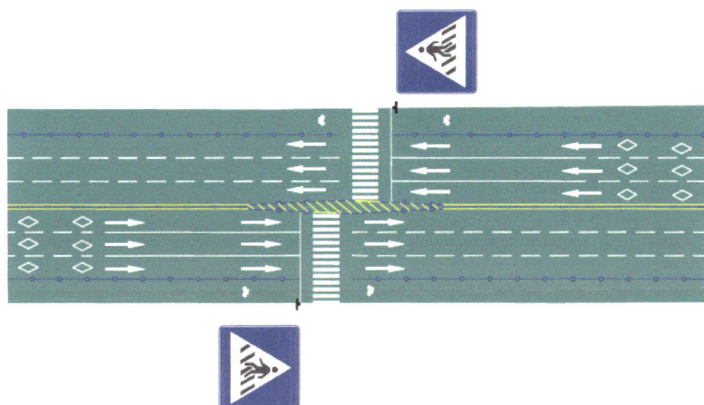

图 3-131　无中央分隔带路段人行横道线错位设置示例

【案例 3-31】双向六车道路段设置人行横道线,未设置行人过街安全岛,如图 3-132 所示。

图 3-132　无信号灯控制路段人行横道标线设置问题案例(案例 3-31)

【解析】该案例中,路段为双向六车道,路面宽度超过 30m,未设置行人过街安全岛和停止线,行人过街存在一定的交通安全隐患。《道路交通标志和标线 第 3 部分:道路交通标线》GB 5768.3—2009 第 4.9.5 条第 2 款规定,路面宽度大于 30m 的道路上,应在中央分隔带或对向车道分界线处的人行横道上设置安全岛。该案例中,应设置行人过街安全岛,并在人行横道前施划停止线。

(5)人行横道前允许车辆掉头时

1)当允许车辆在人行横道上游掉头时,宜在人行横道上游设置掉头通道,并设置允许掉头标志标线,如图 3-133 所示。

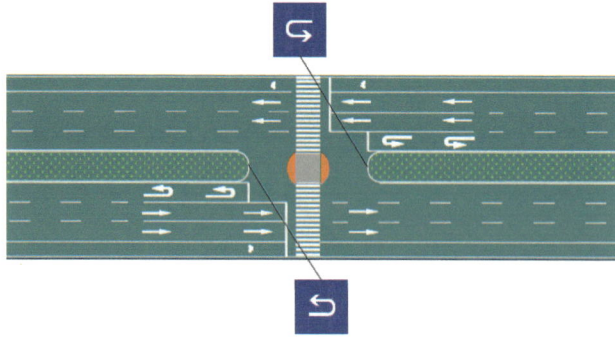

图 3-133　人行横道上游设置掉头通道标志标线设置示例

2）当允许车辆在人行横道下游掉头时，应在人行横道中间设置交通柱，在下游适当位置设置掉头通道，并设置允许掉头标志标线，同时可施划导流线提醒对向车流，如图 3-134 所示。

（6）人行横道线应保持连续性，应与路侧人行道上的无障碍坡道出口相对，两端应避开电线杆、灯杆、广告牌、树木、护栏等影响行人正常通行的设施。

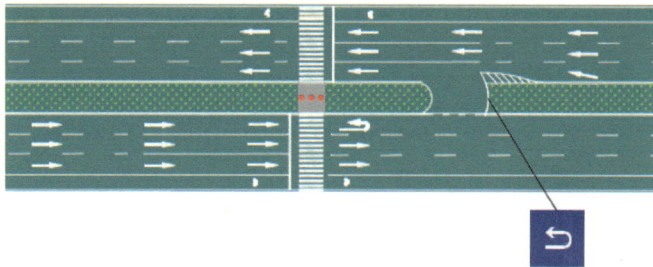

图 3-134　人行横道下游设置掉头通道标志标线设置示例

【案例 3-32】人行横道不连续，两端正对绿化带，如图 3-135 所示。

图 3-135　人行横道正对绿化带设置问题案例（案例 3-32）

【解析】该案例中，人行横道正对绿化带，行人无法正常行走。根据《城市道路交通标志和标线设置规范》GB 51038—2015 第 12.9.5 条第 2 款的规定，人行横道线应保持连续，两端应避开电线杆、灯杆、广告牌、树木、人行护栏等影响行人正常通行的设施。该案例中，应通过人行横道移位或在绿化带上铺装道板等办法，保证行人过街路径的连续畅通。

3.11.2　路口人行横道

1. 相关标志标线（见表 3-41）

与路口人行横道相关的交通标志标线　　　表 3-41

序号	名称	图形示例	说明
1	人行横道标志		表示该处为人行横道
2	人行横道线		表示一定条件下允许行人横穿道路的路径，又提醒驾驶人注意行人及非机动车过街
3	行人左右分道的人行横道线箭头		指示行人在人行横道线上靠左右分道过街
4	行人过街安全岛		图例中的安全岛形式仅为示例，表示行人可在此停留，等候过街

2. 设置方法

（1）人行横道标志应按以下要求设置；

1）无信号灯控制路口的人行横道两端应设置人行横道标志。

2）当有信号灯控制路口的人行横道位置不易被驾驶人发现时，应设置人行横道标志。

3）人行横道标志应面向来车方向，同时应与人行横道线配合设置。

（2）人行横道线应按以下要求施划：

1）人行横道线为白色平行粗实线，最小宽度为 3m，可根据行人交通量以 1m 为一级加宽。

2）人行横道线的线宽为 40cm 或 45cm，线间隔一般为 60cm，可根据车行道宽度进行调整，但最大不应超过 80cm。

3）人行横道线一般与道路中心线垂直，特殊情况下，其与中心线夹角不宜小于 60°，条纹应与道路中心线平行。

【案例3-33】部分城市在人行横道线上"创作"，形成"爱心斑马线"或"脸谱斑马线"等，如图3-136所示。

（a）　　　　　　　　　　（b）

图 3-136　人行横道线样式不规范问题案例（案例 3-33）

【解析】"创意斑马线"带来认知和辨识困难，对交通安全、畅通带来隐患，给交通管理增加困难。《道路交通标志和标线 第 3 部分：道路交通标线》GB 5768.3—2009 第 4.9.1 条规定，人行横道线为白色平行粗实线。该案例中，应按照标准要求，施划规范的人行横道线。

【案例3-34】人行横道线条纹与道路中心线不平行，如图3-137所示。

图 3-137　路口人行横道线条纹与道路中心线不平行问题案例（案例 3-34）

【解析】根据《道路交通标志和标线 第 3 部分：道路交通标线》GB 5768.3—2009 第 4.9.3 条的规定，人行横道线条纹应与道路中心线平行。该案例中，应按标准要求重新施划人行横道线，使其条纹与道路中心线平行。

（3）当路面宽度大于 30m 时，应在中央分隔带或对向车行道分界线处的人行横道上设置安全岛。

1）安全岛长度不应小于人行横道线宽度，宽度一般与中央分隔带相同，不应小于2m，困难情况下不应小于1.5m。

2）安全岛上宜增设弹性交通柱等安全防护设施。

3）安全岛的面积不能满足等候信号放行的行人停留需要、桥墩或其他构筑物有遮挡驾驶人视线等情况时，人行横道线可错位设置。

【案例3-35】某路口进口道的路面宽度大于30m，未设置行人过街安全岛，如图3-138所示。

图3-138　路口未设置行人安全岛设置案例（案例3-35）

【解析】该案例中，该方向共设置有三个进口道、三个出口道，路面宽度超过30m，但未设置行人过街安全岛，人行横道信号灯红灯亮起时，行至道路中间的行人无处等待，存在安全隐患。《道路交通标志和标线 第3部分：道路交通标线》GB 5768.3—2009第4.9.5条第2款规定，路面宽度大于30m的道路上，应在中央分隔带或对向车行道分界线处的人行横道上设置安全岛。该案例中，应按照标准规定增设行人过街安全岛，提高行人过街的安全性，如图3-139所示。

（a）　　　　　　　　　　　　（b）

图3-139　路口安全岛设置示例

（4）行人过街交通量特别大的路口，可并列设置两道人行横道线，使人行横道线虚实段相互交错，并在人行横道线端头分别设置方向箭头，指示行人靠左右分道过街，如图3-140所示。

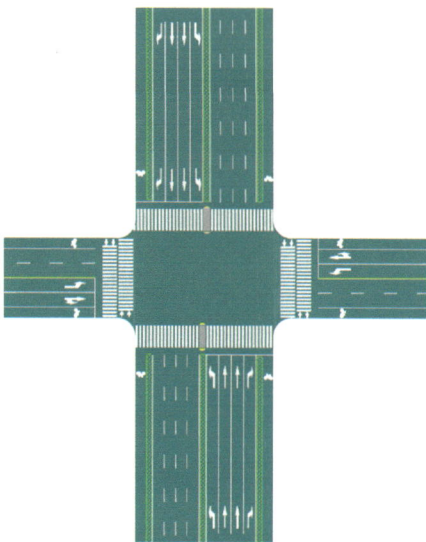

图3-140　行人左右分道的人行横道标线设置示例

（5）斜穿路口的人行横道线应和其他人行横道线配合设置，如图3-141所示。

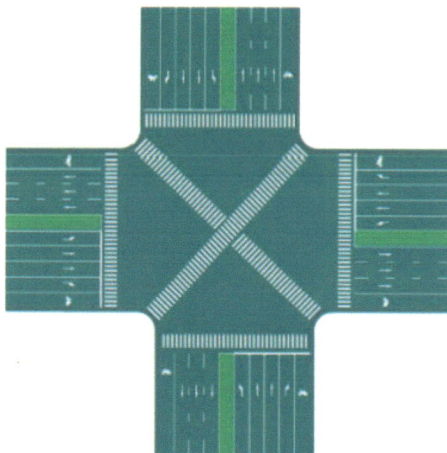

图3-141　斜穿人行横道线设置示例

（6）两条人行横道线在路缘处应避免相交。当无法避免相交时，可参照图3-142所示方式施划。

图 3-142　人行横道线在路缘处相交时设置示例

（7）人行横道线应保持连续性，应与路侧人行道上的无障碍坡道出口相对，两端应避开电线杆、灯杆、广告牌、树木、护栏等影响行人正常通行的设施。

【案例 3-36】人行横道不连续，正对中央绿化带，如图 3-143 所示。

图 3-143　人行横道线不连续设置问题案例（案例 3-36）

【解析】该案例中，人行横道正对绿化带，行人无法正常行走。根据《城市道路交通标志和标线设置规范》GB 51038—2015 第 12.9.5 条第 2 款的规定，人行横道线应保持连续，两端应避开电线杆、灯杆、广告牌、树木、护栏等影响行人正常通行的设施。该案例中，应通过人行横道移位或在绿化带上铺装道板等办法，保证行人过街路径的连续畅通。

3.12 学校周边道路相关

1. 相关标志标线（见表 3-42）

与学校周边道路相关的交通标志标线   表 3-42

序号	名称		图形示例	说明
1	限制速度标志			表示该标志至前方解除限制速度标志或另一块不同限速值的限制速度标志的路段内机动车行驶速度（单位为 km/h），不准超过标志所示数值
2	解除限制速度标志			表示限速路段结束
3	区域限制速度标志			表示该标志至前方区域解除限制速度标志或另一块不同限速值的限制速度标志的区域内机动车行驶速度（单位为 km/h），不准超过标志所示数值
4	区域限制速度解除标志			表示限速区域结束
5	减速丘标线	大型减速丘标线		采用反光标线，设置在减速丘上
6		小型减速丘标线		采用反光标线，设置在减速丘边缘
7		减速丘预告标线		采用反光标线，设置在减速丘前
8	路面高突标志			用以提醒驾驶人减速慢行
9	禁止停车标志			表示在限定的范围内禁止一切车辆停、放
10	禁止长时停车标志			表示在限定的范围内，禁止一切车辆长时停、放，临时停车不受限制
11	网状线			表示车辆不得以任何原因在此停留

续表

序号	名称	图形示例	说明
12	限时长停车位标志		表示车辆停放的时长不应超过标志规定的时间
13	校车专用停车位标志		表示此处仅允许校车停放
14	人行横道标志		表示该处为人行横道
15	注意儿童标志		用以提醒车辆驾驶人注意儿童，减速行驶
16	人行横道线		即表示一定条件下允许行人横穿道路的路径，又提醒机动车驾驶人注意行人及非机动车过街
17	注意交通信号灯标志		提醒驾驶人前方有信号灯控制路口
18	交通监控设备标志		告知驾驶人前方实施交通监控执法
19	辅助标志		表示学校区域

2. 设置方法

行业标准《中小学与幼儿园周边道路交通设施设置》GA/T 1215—2014 中规定了中小学、幼儿园周边道路交通设施的设置要求与方法等。

（1）进入校园周边道路和离开校园周边道路处：

1）应设置限制速度标志及解除限制速度标志（限速值为 30km/h）或新的限速值的限制速度标志，也可根据限速管理范围设置区域限制速度及解除限制速度标志或新的限速值的限制速度标志。

2）设置限制速度标志及解除限制速度标志时，应附加"学校区域"辅助标志。

（2）禁止停车和允许停车的路段应按规定设置相应的交通标志标线。

1）禁止停车路段应设置禁止停车标志；

2）如果允许接送学生的车辆临时停车，应设置限时长停车标志，可施划机动车限时停车位标线，设置方法可参照本书图 3-112。

3）设置了校车专用停车位时，应施划校车专用停车位标线，同时应设置校车专用停车位标志。

4）校园出入口应施划网状线。

（3）与行人过街相关的标志标线的设置应符合下列要求：

1）校园出入口 50m 范围内无立体过街设施应施划人行横道线，宽度不应小于 6m。

2）校园周边道路双向车道数为 6 条及以上或路面宽度大于 30m 的，宜设置行人过街安全岛。

3）校园周边路段施划人行横道线的，应施划停止线和人行横道预告标识。

4）应设置注意儿童标志，路面可施划"注意儿童"路面文字或图形标记。

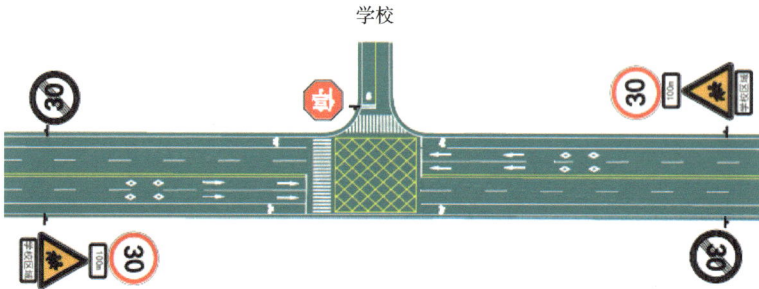

图 3-144　学校周边交通标志标线设置示例

（4）校园周边设置了交通监控设施的路段，应设置交通监控设备标志。

（5）设置了减速丘的路段，应施划减速丘标线，同时应设置路面高突标志，路面高突标志可与注意儿童标志并设，如图 3-145 所示。

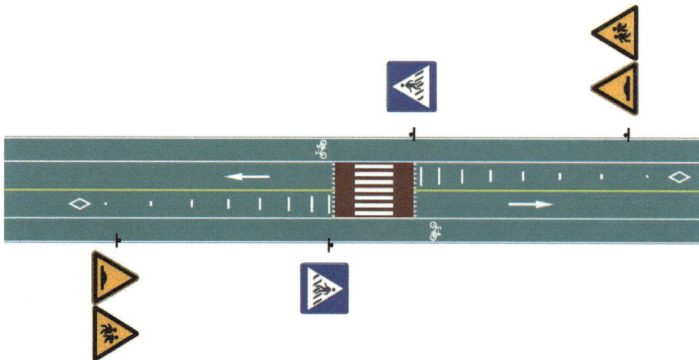

图 3-145　路面高突标志与注意儿童标志并设示例